Georg Popp

Verführung zur Liebe

Georg Popp

Verführung zur Liebe

Von der größten Kraft unseres Lebens

Verlag Friedrich Pustet Regensburg

Die Deutsche Bibliothek – CIP-Einheitsaufnahme

Popp, Georg:
Verführung zur Liebe : Von der größten Kraft unseres Lebens/
Georg Popp. – Regensburg : Pustet, 1991
ISBN 3–7917–1295–0

ISBN 3–7917–1295–0

Umschlaggestaltung: Peter Loeffler, Regensburg
Gesamtherstellung: Friedrich Pustet, Regensburg
Printed in Germany 1991

Wir sind geschaffen,
um zu lieben
und geliebt zu werden

Mutter Teresa

INHALT

VERFÜHRUNG ZUR LIEBE

Es gibt sicher manche Möglichkeiten, im Leben glücklich zu werden. Aber es gibt einen Weg, der alle anderen überragt. Und ohne den alle unsere Anstrengungen umsonst sind: die Liebe.

Viele Medien sind voll vom »wichtigsten Thema der Welt«. Wir selbst glauben daran, daß wir ohne Liebe nicht leben können, daß unser Leben ohne Liebe keinen Sinn hat. Aber handeln wir auch danach?

Ist uns überhaupt bewußt, daß die Liebe die größte Kraft unseres Lebens ist? Sie kann unsere Ängste vertreiben und unsere Verletzungen heilen. Die Liebe – und nur die Liebe – kann die Welt verändern.

Und was noch wichtiger ist: sie kann uns selbst und unsere ganze Umgebung neu machen.
Die Liebe: die Ursache alles Guten und Schönen in der Welt.
Die Liebe: das größte Abenteuer und die stärkste Antriebskraft unseres Lebens.

Lassen Sie sich durch dieses Buch neu verführen zu einem Leben aus der Liebe. Lesen Sie es nicht wie einen billigen Roman. Bedenken Sie Seite um Seite und lassen Sie Tag für Tag Ihre Gedanken ausschließlich von der Liebe tragen:

Ihr Denken wird verwandelt.
Ihr Alltag wird reicher und schöner.
Ihr Leben wird frei von Unsicherheiten und Ängsten
Sie selbst werden zu einem Geschenk für Ihre Mitmenschen.

Georg Popp

NUR EINES

Was ist uns alles wichtig?

Natürlich ein krisenfester Arbeitsplatz, eine schöne Wohnung, Erfolg und Anerkennung, Sicherheit für unsere Zukunft ...
Weit oben in der Rangfolge rangiert das Auto. Es dient uns auch als Aushängeschild für unseren Erfolg. Andere brauchen dazu die neueste Mode, teuren Schmuck oder Reisen in die weite Welt.
Wenn wir einmal Neujahrs- oder Geburtstags-Wünsche betrachten, dann gehören zum Wichtigsten in unserem Leben vor allem »Glück«, »Gesundheit« und »langes Leben«.

Was ist wirklich von Bedeutung?

Für alles, was uns so erstrebenswert scheint, plagen und mühen wir uns von früh bis spät. Was aber nützen uns alle Sorgen und Anstrengungen? Gibt es morgen oder übermorgen und nächstes und übernächstes Jahr nicht wieder die gleichen Probleme und Mühen – oder sogar neue, andere, größere?
Wie glücklich macht aller Besitz? Verscheucht er wirklich unsere Ängste und Sorgen?
Und womit können wir tatsächlich das Glück und die Zukunft unserer Kinder absichern? Mit vielen Geschenken oder gar mit einer großen Erbschaft?

Was uns heute alles so unentbehrlich erscheint, wird einmal sehr, sehr unwichtig sein. Müssen wir erst die letzte Stunde unseres Lebens erfahren, um einzusehen, wievielen unnötigen Belastungen wir uns oft ausgesetzt hatten?

Was hilft unseren Kindern?

Wie sehr wünschen sich Eltern, daß ihre Kinder einmal tüchtig und glücklich werden. Vor allem für ihr Lebensglück möchten sie alles einsetzen, was in ihrer Macht liegt. Aber was kann man zum Glück seiner Kinder wirklich beitragen?
Geld? Gute Ratschläge? Oder gar Verbote?

J. H. Pestalozzi, der große schweizer Erzieher, hat es uns deutlich vor Augen gestellt: »*Wir können unsere Kinder nur lieben und ihnen ein gutes Beispiel geben.*« Alles andere erzielt keine Wirkung.
Das einzig Wichtige, was wir weitervermitteln können, ist die *Erfahrung* von Liebe und Harmonie. Das aber geht nur mit unserem Beispiel, mit unserem Tun. Nicht mit noch so schönen Worten.

Alles umsonst

Wir können uns abplagen vom Morgengrauen bis spät in die Nacht hinein,
wir können uns um Erfolge bemühen und um Besitz,
wir können uns am Arbeitsplatz aufreiben für unsere Mitarbeiter oder als Helferin für unsere Kranken,
wir können Arbeitsausschüsse in unserer Gemeinde gründen oder Organisationspapiere für die Seelsorge entwerfen:
All unser Tun wird keinen Bestand haben, wenn es nicht von der Liebe getragen wird! Schon Paulus hat uns überdeutlich darauf hingewiesen:

»Wenn ich die Sprache aller Menschen spräche
und sogar die Sprache der Engel kennte,
aber ich hätte keine Liebe –,
dann wäre ich doch nur ein dröhnender Gong,
nicht mehr als eine lärmende Pauke.

Auch wenn ich göttliche Eingebungen hätte
und alle Geheimnisse Gottes wüßte
und hätte den Glauben, der Berge versetzt,
aber ich wäre ohne Liebe –,
dann hätte das alles keinen Wert.

Und wenn ich all meinen Besitz verteilte
und nähme den Tod in den Flammen auf mich,
aber ich hätte keine Liebe –,
dann wäre es alles umsonst« (1 Korinther 13,1–3).

Das Hohelied der Liebe

des Paulus können wir auf alle unsere Lebensbereiche anwenden:
Ich kann der Beste in der Schule oder die Tüchtigste im Krankenhaus,
die fleißigste Hausfrau oder die fürsorglichste Mutter,
der unermüdlichste Arbeiter oder der strebsamste Chef,
der wortgewaltigste Prediger oder der aktivste Bischof sein:

Wo mein Sorgen und Mühen nicht von der Liebe getragen wird, wo alle meine Anstrengungen sich nicht an der Liebe orientieren, da kann ich mich noch so sehr bemühen, es wird letztlich kaum Bestand haben.
Weder große Geschenke noch gutgemeinte Ratschläge machen unsere Kinder glücklich. Alle Aussprachen und Diskussionen in der Familie um den Weiterbestand der Ehe werden ebenso nutzlos sein und noch so gut vorbereitete Evangelisations-Feldzüge in unserer Gemeinde werden verpuffen, wenn sie nicht von unserer Liebe zu den Menschen getragen werden.

»Die kleinste Tat in unserem Leben aber wird groß, wenn wir sie mit Liebe, aus Liebe und in Liebe tun«
(Chiara Lubich, Gründerin der Fokolare-Bewegung).

»Allein die Liebe zählt«

schrieb ein junges Mädchen, das weder große Begabungen hatte noch über besonderes Wissen verfügte. In den Augen ihrer Mitschwestern – sie lebte in einem Kloster –, hatte »sie gar nichts getan«, was erwähnenswert wäre. Mit 24 Jahren lag sie bereits im Sterben.
Aber was sie getan hatte – Treppen putzen, Wäsche waschen und junge Novizinnen im Kloster ausbilden –, das hatte sie *aus Liebe* getan.
Und so wurde das kleine, einfache Mädchen aus der Abgeschiedenheit eines Klosters in Nordfrankreich zur Fürsprecherin aller Seelsorger, ja zur Patronin der Weltmission.
»*Allein die Liebe zählt*«, war ihr großes Vermächtnis.

Nur die Liebe ist wichtig

Allein die Liebe gibt unserem Leben Sinn und Wert. Wo die Liebe fehlt, können selbst heroische Taten zur egoistischen Selbstbestätigung verkommen.
Und so benutzte die kleine Therese von Lisieux die geringfügigsten Handlungen in ihrem Alltag, um sie aus Liebe zu Jesus und aus Liebe zu ihren Mitschwestern zu vollziehen.

»Ich habe kein anderes Mittel, Jesus meine Liebe zu beweisen, als ›Blumen‹ zu streuen«, schrieb sie einmal für Jesus in ihr Tagebuch. Diese ›Blumen‹ aber waren für sie ihre einfachen Tätigkeiten und viele kleine Freundlichkeiten, um die sie sich immerzu bemühte.

Wichtiger als Perfektion und Askese

Wir könnten ein Leben in Stille und Einsamkeit, in Askese und ständigem Gebet vollbringen, hätten wir aber die Liebe nicht, es wäre alles umsonst: »*Die christliche Vollkommenheit wird mit dem Maß der Liebe gemessen und nicht mit dem Maß der Enthaltsamkeit*« (Johannes Paul II.).

Und wenn wir makellos und ohne Fehler wären: hätten wir aber die Liebe nicht, wären wir lieb-los, ungeduldig und vermutlich auch sehr hartherzig. Weil wir nach unseren »fehlerfreien, makellosen« Kriterien urteilen und nicht aus der Liebe heraus handeln würden.

Der bekannte Buchautor und Pastor Jörg Zink hat einmal sehr deutlich auf diese Gefahr hingewiesen: Menschen, die keine Anfechtungen kennen, sollten sich sehr hüten, nicht hartherzig oder selbstgerecht zu werden.

Die Lieb-losigkeit

ist das eigentliche Böse in unserem Herzen, nicht die eine oder andere Ordnungswidrigkeit, die uns hie und da unterläuft. Natürlich sollen wir versuchen, unsere Fehler abzustellen. Aber viel wichtiger ist, daß wir in der Liebe bleiben. Die Lieb-losigkeit, ein Leben ohne Liebe, das ist unsere größte Sünde!

»*Wer die Liebe verletzt, trägt nicht zum Aufbau des Volkes Gottes bei*« (Roger Schutz, Taizé).

Eine lebenserfahrene Kloster-Oberin wußte damit sehr gut umzugehen. Ihre Vorgängerin achtete stets auf strenge Disziplin und korrekte Kleidung. Die jetzige Oberin dagegen übersah kleine Unordnungen. »Die Schwestern sollen sich im Kloster wohlfühlen«, war ihre Meinung. Die Menschlichkeit und die Liebe zu ihren Schwestern waren ihr wichtiger als makelloses Auftreten.

Jedes Streben, das nicht von der Liebe getragen wird, führt ins Abseits:

Verantwortungsbewußtsein ohne Liebe führt zu Rücksichtslosigkeit,
Gerechtigkeit ohne Liebe macht hartherzig,
Wahrheit ohne Liebe wird brutal.

»Die Liebe ist die Mutter aller Tugenden«, hinterließ uns der große Kirchenlehrer Thomas von Aquin. Und er fuhr fort: *»Ohne die Liebe gibt es keine Tugend. Sie ist die formende Kraft aller Tugenden.«*

Das einzig Not-wendige

Für Therese von Lisieux war die Liebe die Grundvoraussetzung allen Tuns. Selbst Gebet, Opfer und Leid waren für sie nutzlos, wenn sie nicht von der Liebe getragen waren. Die Liebe war für sie »das einzig Not-wendige«, das ihr Tätigsein erst sinnvoll machte.

»Nichts auf der Welt geht ohne Liebe«, schrieb Marc Chagall und der Chinese Tschu-Li bestätigte dies ebenso wie Clemens von Brentano und Johann Wolfgang von Goethe:

»Der Geist, der allen Dingen Leben verleiht, ist die Liebe« (Tschu-Li).

»Leben lebt allein durch die Liebe« (Clemens von Brentano).

»Man lernt nichts kennen, als was man liebt ... Je tiefer und vollständiger die Erkenntnis werden soll, desto stärker, kräftiger und lebendiger muß die Liebe sein« (Johann Wolfgang von Goethe).

Auch das Wort des großen Mystikers Johannes vom Kreuz sollte uns sehr zu denken geben:
»Gott zählt nicht die Dinge, die wir getan haben, sondern allein die Liebe, mit der wir sie getan haben.«

Menschen, die dem Tod nahe waren

Von Menschen, die bereits einmal »klinisch tot« waren und dabei Erlebnisse mit dem Jenseits hatten, wissen wir, daß sie nach ihrem Todeserlebnis ihr Leben »radikal« (radix: von der Wurzel her) geändert hatten: *Der freundliche Umgang* mit anderen Menschen, *Zeit haben* für andere, *gut sein* – das wurde ihnen wichtiger als jedes Erfolgsstreben und Erwerbenwollen.

Nicht ein gescheiter Verstand und großes Wissen, keine hohen Titel und Auszeichnungen zählen bei Gott. Und nicht die an Schätzen oder an Weisheit Reichen finden am leichtesten in sein Reich, sondern die Kinder: die schlichten und einfachen Menschen, die sich von ihrem Herzen, von ihrer Liebe, leiten lassen (Matthäus 18,1–4).

»Wenn Gott den Menschen mißt, legt er das Meßband nicht um den Kopf, sondern um das Herz«, sagt ein altes irisches Sprichwort.

Nur eine einzige Aufgabe

»Die Liebe drückt allen unseren Handlungen, auch den unbedeutendsten, ein göttliches Siegel auf«, schrieb Therese von Lisieux. »Den Himmel« aber fand sie hier auf der Erde in einem »Leben aus Liebe«. Denn für sie gab es nichts Größeres und nichts Wichtigeres als die Liebe: *»Der kleinste Akt der reinen Liebe ist für die Kirche nützlicher als alle anderen Werke zusammen.«*

Dieses Wort von Johannes vom Kreuz können wir umwandeln für unsere Familie oder unsere Lebensgemeinschaft: Meine kleinsten Taten der Liebe sind segensreicher als alle gutgemeinten Geschenke, Ratschläge und Mühen.

Erst die Liebe gibt unserem Tun einen Sinn und unserem Leben seinen Wert: »Wir haben nur eine einzige wirkliche Aufgabe: mit den Brüdern in Liebe zu leben« (Leo Tolstoi).

Mehr lieben – und weniger reden, mehr lieben – und weniger kritisieren, mehr lieben – und weniger ärgern:

»Lieben – lieben, das ist es. Lieben ist alles« (Ingeborg Bachmann).

DAS GEHEIMNIS DER LIEBE

Eine Vielzahl von Antworten

Auf unsere Frage »was ist Liebe«, was ist das Geheimnis der Liebe, bekommen wir eine Vielzahl von Antworten:
Wir kennen Liebe zur Natur, Liebe zum Wald, zu Blumen, zu einer bestimmten Landschaft, zu einem See, einem Berg ...
Manche Menschen lieben Tiere, Katzen, Hunde, Pferde ...
Andere schätzen ihre Hobbies und lieben Briefmarken, Kartenspiele, den Fußball oder auch Kochen, Häkeln und Stricken. Wir sprechen auch von der Liebe zur Technik, zur Wissenschaft, von der Liebe zur Musik oder zu einem Dichter ...

In der zwischenmenschlichen Liebe kennen wir die reine sexuelle Hingabe, die erotische, die platonische, die Eltern-, die Kinder- und die Freundes-Liebe.

Und als höchste Form der Liebe nennt Jesus die Gottes- und die Nächstenliebe: »Liebe den Herrn, deinen Gott, von ganzem Herzen, mit ganzem Willen und mit deinem ganzen Verstand! Dies ist das größte und wichtigste Gebot. Das zweite ist gleichwichtig: Liebe deinen Mitmenschen wie dich selbst!« (Matthäus 22,37–39).
Jesus stellt hier bewußt die Nächsten- *und* die Selbstliebe auf die gleiche Ebene wie die Gottesliebe. Diese bleibt zwar »das größte und wichtigste Gebot«. Aber: »das zweite ist *gleichwichtig*«!

Alle Jahrhunderte hindurch haben sich Religionen, Dichter und andere Künstler mit der Liebe beschäftigt. Wir könnten noch so viel Zeit und noch so viel Papier aufwenden, um das große Geheimnis der Liebe näher zu ergründen: wir kämen an kein Ende. Und das ist bereits eines ihrer überraschenden Kriterien.

Die Liebe hat kein Ende

»Wahre Liebe gleicht dem Ring, und der Ring, der hat kein Ende«, sagt ein russisches Sprichwort.
Die Liebe hat kein Ende: Wir werden sie niemals er-gründ-en können, niemals sie bis zu ihrem tiefsten Grund erforschen.

»Wie das Meer mit seinen Wellen wieder und wieder und immer wieder gegen die Felsenküste wogt, so ohne Ende ist auch unsere Liebe«, schreibt ein unbekannter japanischer Dichter.

»Die Liebe wird niemals vergehen« (1 Korinther 13,8). Denn sie gab es schon vor Erschaffung unserer Erde, und sie wird auch nach einem eventuellen Untergang unseres Planeten noch Bestand haben.

Die Liebe kennt keine Grenzen

Es gibt kein Wesen und keinen Gegenstand, den ich nicht lieben könnte. Und es gibt keinen Ort, an dem ich einen anderen nicht mit meiner Liebe erreichen könnte.
Selbst zu einem anderen Stern, in die Weite des Weltalls hinaus könnte meine Liebe reichen, wenn ich dort einen geliebten Menschen wüßte.

Liebe wird auch nicht eingeengt von den Unterschieden der Generation, der Tradition oder der Weltanschauungen. Was manchen Eltern unmöglich erschien, vollziehen Kinder aus Liebe in großer Selbstverständlichkeit.

Ähnliches finden wir auch bei Basisgruppen der verschiedenen christlichen Kirchen, die aus Liebe zu Jesus und seinem Gebot zur Einheit sich immer öfters über uneinsichtige Anweisungen ihrer Kirchenleitung hinwegsetzen. Die Liebe ist ihnen wichtiger als enge Gesetzlichkeit.

Die Liebe kennt kein Maß

Ich kann Liebe nicht »messen« oder dem einen »fünf Minuten«, dem anderen eine Stunde, dem einen vielleicht ein »kleines Stück«, dem anderen einen größeren Anteil an Liebe zukommen lassen. Sollte ich das versuchen – zum Beispiel bei »Lieblings«-Kindern oder anderen von mir bevorzugten Menschen –, handelt es sich niemals um wahre, echte Liebe, sondern oft nur um die Verteilung meiner Sympathien.

Mein Inneres kann zwar manchmal von großer oder auch nur von geringer Liebe – oder auch gar keiner – erfüllt sein. Aber das ist die Verfassung meines Herzens, nicht die Liebe an sich.

Die Liebe selbst kann ich weder messen noch begrenzen. Wo ich meine Liebe einschränken, auf ein bestimmtes Maß »zurückführen« will, handelt es sich nicht um Liebe: *»Es gibt nur ein Maß der Liebe: Lieben ohne Maß«* (Severus von Mileve).

Das Gesetz der Liebe

Viele Menschen leben enttäuscht und traurig vor sich hin, weil sie ja »keiner lieb hat«. Sie kennen nicht das »Gesetz der Liebe«. Liebe empfange ich nicht in passiver Erwartung oder hoffnungsvoller Sehnsucht.

So lange ich darauf warte, geliebt zu werden, so lange ich mir einen Märchenprinzen oder eine Zauberfee herbeiwünsche, warte ich vergeblich. Liebe beginnt erst dort zu wachsen, wo ich selbst einen Anfang mache. Und so lautet das »Gesetz der Liebe«:

Ich erfahre Liebe, wenn ich selbst anfange zu lieben.

Die Liebe wächst und wächst

Und dies ist für mich persönlich eines der größten Geheimnisse der Liebe: Sie wächst und wächst in mir, *je mehr ich sie verschenke.*

Mein Herz verausgabt sich nicht, wenn ich Liebe weitergebe. Das Gegenteil ist richtig: Je weniger ich liebe, um so leerer wird mein Inneres. Denn es gilt auch das zweite Gesetz der Liebe:

Eine Liebe, die sich nicht verschenkt, nimmt ab.

So lange ich aber liebe, wird die Liebe in meinem Herzen an kein Ende kommen.

Liebe kann sich niemals erschöpfen

Die Liebe kann ich niemals ausschöpfen. Sie ist uner-gründ-lich. Denn sie entströmt einer nie endenden Quelle. *»Sie ist das einzige, was wächst, indem wir es verschwenden«* (Ricarda Huch).

Liebe will sich immer weitergeben: »Geben in Liebe heißt nie verlieren. Und wie man Liebe nicht schenken könnte, wenn man sie nicht hätte, so hat man sie erst, wenn man sie schenkt.
Die Liebe allein versteht das Geheimnis, andere zu beschenken und dabei selbst reich zu werden« (Augustinus).

Die Liebe wird in uns immer größer, tiefer und reicher, je mehr wir sie an andere verschenken. Dies ist ihr vielleicht größtes Geheimnis.

Liebe will sich verströmen

Liebe will nichts für sich zurückbehalten. Ich kann sie weder »in meinem Herzen hüten«, noch »Vorräte an Liebe« anlegen. Liebe will sich immer verströmen. Wie die Strahlen der Sonne und der dahinziehende Fluß des Wassers. Wenn ich die Strahlen der Sonne unterbreche, verlieren sie ihre Kraft. Wenn ich fließendes Wasser staue, wird es abgestanden und schal.

Liebe will nie etwas für sich fest-halten. Wo der Mensch etwas an sich binden will, wo er etwas nicht loslassen kann, entsteht Enge. Und aus Enge wird Angst.

Ängstliche Menschen sollten sich einmal prüfen, wie es um ihre Liebe bestellt ist; warum sie vieles be-halten und nicht los-lassen wollen.

Liebe lebt vom Verschenken.

Die Liebe kann nicht sterben

Die Liebe *in meinem Herzen* kann zu- oder abnehmen. Sie kann wärmer, herz-licher, tiefer und reicher werden – oder auch kühler und kälter. Am »Kälterwerden« und einem eventuellen Sterben in mir aber ist nie »die Liebe« schuld, sondern immer meine eigene Entscheidung.

Liebe wird dort weniger, wo zum Beispiel meine Aufmerksamkeit erlischt, wo ich es an Geduld und Verständnis fehlen lasse, wo meine Bequemlichkeit, mein Egoismus oder launische Reaktionen die Oberhand in mir gewinnen.

Gerade bei einer liebenden Partnerschaft, ob es sich um junge Menschen oder reife Ehepaare handelt, können wir immer wieder feststellen: Die Liebe erkaltet *dort*, wo *ich* mich zurückziehe, wo *ich* der Liebe Grenzen setze oder sie *in mir* sterben lasse.

Die Liebe als größte Kraft des ganzen Universums selbst wird nie sterben. Sie kann nur *in mir* einschlafen, wo ich egoistisch werde und von Liebe nichts mehr wissen will.

Die Liebe selbst hat niemals ein Ende: *»Sie brennt immer und erlischt niemals«* (Augustinus).

Der Mensch kann ohne Liebe nicht leben

Er braucht sowohl die Liebe als Zuwendung, als Anerkennung seiner Persönlichkeit, wie er auch darauf angewiesen ist, Liebe weiterzugeben, mit anderen teilen zu können.
Arbeitslose wie auch alte Menschen leiden gerade darunter am meisten, daß sie den Eindruck haben, nicht mehr gebraucht zu werden. In ihren Augen verliert das Leben seinen Sinn, denn sie glauben ja, für andere nicht mehr da sein zu können, für Menschen »nichts mehr tun« zu dürfen.

Wir wissen heute, daß Babys nach der Geburt sofort die Nähe ihrer Mutter brauchen. Sie entwickeln sich körperlich und seelisch weitaus besser als Kinder, die ihre Mutter entbehren müssen. Ohne die Erfahrung der Mutterliebe werden Kinder aggressiv, mißtrauisch und ängstlich.

Aber auch Eltern brauchen die Liebe ihrer Kinder. Mutter Teresa von Kalkutta, die große Missionarin der Nächstenliebe, erzählte anläßlich eines Vortrags einmal das Beispiel einer Mutter, deren Herz regelrecht körperlich und seelisch gebrochen war, weil ihr Sohn sie abgelehnt hatte.

Für Mutter Teresa gab es nur einen Sinn allen menschlichen Lebens:

»Wir sind geschaffen, um zu lieben und geliebt zu werden.«

Das Bleibende

Die Liebe ist das Bleibende in der Schöpfung: »Auch wenn einmal alles aufhört ..., die Liebe wird immer bleiben« (1 Korinther 13,13). Dies gilt auch für unser Leben: Nur was wir aus Liebe tun, wird zum Heil unserer Mitmenschen und wird bei ihnen weiterleben.

Denken Sie an das Beispiel von Therese, dieser jungen Schwester von Lisieux. Sie mußte schon mit 24 Jahren sterben und hatte nur niedrige Arbeiten verrichtet ...

Aber weil sie *alles aus Liebe* getan hatte, ist ihr Leben so groß geworden! Noch heute, rund 100 Jahre nach ihrem Tod, erscheinen Bücher über ihr Leben, sprechen wir von ihr, nehmen wir uns an ihrem »Weg der Liebe« ein Beispiel.

Oder denken Sie an Mutter Teresa von Kalkutta. Was hat sie eigentlich – in den Augen der Welt – Großes getan? Kranke um sich gesammelt, Sterbenden ein letztes Obdach gegeben, ihnen Geborgenheit und Liebe geschenkt.

Wenn wir zum Vergleich an so manche Idole unserer Zeit denken: Viele Goldmedaillengewinner der letzten Olympiade sind ebenso schon vergessen wie Präsidenten, Staatsmänner und andere »bedeutende« Frauen und Männer der letzten fünfzig Jahre.

Erinnern Sie sich: Nur eines ist wichtig, nur eines gibt unserem Leben Sinn, nur eines schenkt unserem Leben bleibenden Wert:

die Liebe.

Wenn ich noch so große Taten vollbrächte
und noch so viele Rekorde aufstellte,
wenn ich fünf Milliarden als Erbe hinterließ
oder gar Menschen ins Leben zurückrufen könnte:
hätte ich aber die Liebe nicht, es wäre alles umsonst.

Das aber ist ihr großes Geheimnis:

Wo ich anfange, zu lieben, erfahre ich selbst Liebe.

Wo ich Liebe verströme, fließt mir immer größere Liebe zu.

DIE MACHT DER LIEBE

Große Liebespaare in der Dichtung

Die Liebe ist eine Macht, die Menschen verändern und die Welt umformen kann. Wir alle kennen dafür Beispiele aus der Dichtung, aus der Geschichte und aus der Gegenwart.

Erinnern wir uns an die griechische Sage von Hero und Leander, der zu seiner geliebten Hero jede Nacht durch die Meerenge des Hellespont von Abydos nach Sestos geschwommen ist.
Oder an Daphnis und Chloe, die auf ihrer griechischen Insel die Liebe schrittweise entdeckten. Oder an Orpheus, der sogar in die Unterwelt hinunterstieg, um seine geliebte Gattin Eurydike wieder ins Leben zurückzuholen.
Paris und Helena, Odysseus und Penelope, Tristan und Isolde, Romeo und Julia, Othello und Desdemona, Hermann und Dorothea: Noch viele große Liebespaare könnten hier erwähnt werden, die alle aus Liebe faszinierende Abenteuer bestanden haben.

In der Geschichte

finden wir ebenso viele Beispiele: Ein Franz von Assisi umarmte und küßte einen Aussätzigen. Seine Liebe überwand den Ekel und gab ihm so viel Widerstandskraft, daß er nicht erkrankte.
Zar Alexander I. von Rußland fand durch die Liebe zu Juliane von Krüdener die Kraft zum Abschluß der »Heiligen Allianz« zwischen Österreich, Preußen und seinem Land.
Aus Liebe zu der sterbenskranken Sophie von Kühn schöpfte Friedrich Leopold von Hardenberg, genannt Novalis, die Kraft zu Gedichten und Gedanken, die zu den schönsten der deutschen Dichtung gezählt werden.

Martin Luther King konnte aus der Liebe heraus alles Leid ertragen, das ihm wegen seines Eintretens für die Gleichberechtigung der Schwarzen zugefügt wurde.
»Ich auch nicht«, antwortete Mutter Teresa einem Amerikaner, der einmal meinte, daß er ihre Arbeit »nicht für eine Million Dollar im Jahr machen würde«. Nicht für eine Million Dollar jährlich - aber aus Liebe!

Aus eigener Erfahrung

kennen wir selbst viele Beispiele unglaublich großer Liebe:
Marianne L. fährt täglich 40 km weit in die Klinik, um still und betend am Bett ihres im Koma liegenden Mannes zu sitzen.
Hans und Margrit A. adoptieren ein spastisches Kind, obwohl der Arzt sie energisch warnt, welche Last sie sich damit aufladen würden: »Sie können sich zur Adoption doch ein gesundes Kind aussuchen!« Aber in ihrem Herzen hatten sie gespürt, daß sie gerade diesem Kind ihre Liebe schenken sollten.
Maria K. gibt, kaum 23 Jahre alt, ihre Heimat auf und zieht nach Ägypten. Sie verläßt Verwandte und Freunde und geht das große Risiko einer ihr völlig fremden Welt und Kultur ein, damit sie bei ihrem geliebten Jussuf leben kann.
Ohne Rücksicht auf sein Leben stürzt sich ein Walter G. in sein brennendes Haus, um die dort schlafenden Kinder zu retten ...

Die Liebe macht alles leicht

Was ich liebe, was ich in meinem Herzen wünsche, das mache ich gerne. Was ich aber gerne mache, das fällt mir auch nicht schwer. Das »geht mir leicht von der Hand«: »Durch die Liebe werden alle Dinge leichter, die der Verstand als gar zu schwer gedacht hat« (Hafis, persischer Nationaldichter, Vorbild Goethes).

Dies gilt auch für unsere Einstellung zu Arbeit und Beruf: Wir

können strahlende und mürrische Krankenschwestern erleben, faszinierende und gelangweilte Verkäufer, freundliche und verbitterte Beamte, begeisterte und enttäuschte Lehrer:
Immer haben die ersteren Freude und Lust an ihrem Beruf, weil sie ihre Arbeit lieben. Für die zweite Gruppe ist alles nur ein Job, eine oft traurige Angelegenheit.

»*Wenn du liebst, wirklich liebst, wird alles leichter*« (Carlo Carretto, Leiter des Meditationszentrums in Spello bei Assisi).

»*Wer liebt, empfindet die Mühe nicht*« (Augustinus).

»Ärger

macht alles nur ärger.« Wir sollten uns dieses einfache Wortspiel sehr deutlich in unser Gedächtnis einschreiben.
Ärger macht uns unterlegen, macht uns unser Leben schwer. Wo wir freundlich sind, strahlt uns wieder Freundlichkeit entgegen.
»Lächeln Sie«, gab Mutter Teresa einmal einer Gruppe von Managern mit auf den Weg, die sich von ihr ein Leitwort gewünscht hatten.

»Lächeln Sie!« Nicht immer fällt es uns leicht. Stets jedoch dort, wo wir aus der Liebe leben. Denn Liebe macht Freude!
»Die Liebe ist der hervorragendste Quell der Freude« (Thomas von Aquin).

Ich kann etwas widerwillig tun, mäkeln und räsonieren ... Oder ich kann meinen Pflichten gerne nachkommen. Erledigen muß ich meine Arbeit ja doch. Es liegt an mir, ob ich mir täglich Barrieren und Schwierigkeiten aufbaue oder lieber gerne, leicht und froh meinen Beruf ausübe.
Alle Frauen und Männer, die Erfolg in ihrem Leben hatten, liebten ihre Arbeit und schätzten ihren Beruf als den Weg zum Sinn und zum Glück ihres Lebens.

Beschwingt und heiter,

leicht und voller Zuversicht wird unser Leben dort, wo wir uns von der Liebe leiten und führen lassen. Sie erleichtert unser Tun und Denken auf allen Ebenen unseres Lebens:
Wenn ich die Natur liebe, fällt es mir nicht schwer, aufmerksam auf den Umweltschutz zu achten.
Wenn ich meine Gesundheit liebe, treibe ich gerne Sport, halte ich leichter Diät.
Wenn ich Kinder liebe, sind mir ihre neugierigen Fragen nicht zu viel.
Wenn ich meine Mitmenschen liebe, habe ich mehr Geduld und Verständnis für ihre Eigenarten.

»Was den Strom kreisen läßt,

das ist die Liebe. Wenn du liebst, kommst du heraus aus deiner Einsamkeit. So lange du nicht liebst, bleibst du stehen in dem, was deine Natur ist« (Carlo Carretto).
»Natur« ist in diesem Fall unser nicht erlöstes Leben, unsere Schwachheit, unsere Angst, unser Kleinmut . . .

Liebe befreit, führt uns heraus aus unserer natürlichen Einsamkeit, aber auch heraus aus der Einsamkeit unserer Kleinherzigkeit:
»Wer liebt, ist nicht mehr einsam« (Ignace Lepp).

Liebe verzaubert

An jungen Liebenden können wir am leichtesten erkennen, wie Liebe verändern, ja verzaubern kann. Wieviel Offenheit und Freude, aber auch Sicherheit und Hilfsbereitschaft strahlen Menschen aus, die soeben ihre große Liebe zueinander entdeckt haben.

Liebe schenkt Ausstrahlung! Sie verzaubert mein Leben und schenkt mir eine neue Sicht:
Tautropfen werden zu Perlen, Eiskristalle zu kleinen Kunstwerken, Augenblicke zur Ewigkeit.

Wo ich so empfinde und sehe, fängt mein wirkliches Leben erst an: Ich werde zu einem Lebenskünstler, ohne daß ich dazu große Kenntnisse oder viel Geld nötig hätte.

Mein Leben wird neu

Nicht das Bekämpfen meiner Fehler macht mich heil und gesund, sondern das Leben aus der Liebe! Wer kann denn schon aus eigener Kraft einen Stachel der Leidenschaft beseitigen?
»Willst du die alte Sünde ausmerzen, dann lösche die Begierde durch das neue Gesetz (der Liebe) und *umfasse die Liebe*«, ruft Augustinus unseren Herzen zu.
Von der Liebe geleitet, wird unser Alltag freier, gelassener und großzügiger.
Von der Liebe erfüllt, erfahren wir eine Leichtigkeit und eine Ausstrahlung, wie wir sie bisher noch nie gekannt haben.

DIE GRÖSSTE KRAFT

Liebe vertreibt die Angst

Schon unsere Sprache macht deutlich, woher Angst kommt: von Enge. Angst entsteht häufig dort, wo ich mich mit mir selber beschäftige: Wenn ich grüble und um meine eigenen Probleme kreise, wird mein Denken immer enger. Und aus dieser Enge entsteht Angst.
Wenn ich aber anfange zu lieben, wenn ich mein Interesse anderen zuwende, mich um die Sorgen und Nöte anderer kümmere, löse ich mich von meinem eigenen Ego. Ich lasse meine Zweifel und Schwierigkeiten los – und erfahre Befreiung und Glück:
Ich bin nicht allein. Ich werde gebraucht. Ich darf anderen helfen.

»Die Liebe kennt keine Angst«

»Wahre Liebe vertreibt die Angst«, schreibt der Verfasser des 1. Johannesbriefes (4,18). Wir selbst können die Wahrheit dieses Satzes immer wieder neu erfahren: Wo wir in der Liebe leben, wo wir unsere Aufmerksamkeit anderen Menschen zuwenden, weicht die Angst!

Erinnern wir uns an die vielen Beispiele von Menschen, die Tag für Tag immer wieder ihr Leben aufs Spiel setzen, um anderen zu helfen:
Ärzte und Krankenschwestern riskieren schwerste Ansteckungen,
Feuerwehrmänner gehen unter Lebensgefahr in brennende Häuser,
Polizeibeamte stellen schwerbewaffnete Verbrecher ...

Franz P., ein junger Mann, dem mit 24 Jahren noch die ganze Zukunft offen steht, verschenkt eine Niere an seinen Bruder, Manuela, ein 8jähriges Kind, springt ins Wasser, um sein 5jähriges Schwesterchen vor dem Ertrinken zu retten ...

Jede Woche können wir weitere Beispiele entdecken von Menschen, die ihr Leben aus Liebe einsetzen, ohne dabei Angst zu empfinden.

Liebe verdrängt den Schmerz

In ähnlicher Weise wirkt unsere Liebe gegenüber körperlichen und seelischen Schmerzen. Solange ich meine Aufmerksamkeit meinen Schmerzen und Leiden zuwende, besitzen diese die Oberhand.
Sobald ich mich aber meinem Dienst für andere Menschen zuwende, spüre ich Schmerzen viel weniger. Selbst große Schmerzen können erträglicher werden, wenn wir unser Denken in Liebe auf andere ausrichten.

Bis heute habe ich nicht das strahlende Gesicht jener gelähmten Frau vergessen, die seit über 12 Jahren außer ihrem Kopf und ihrer rechten Hand nichts mehr selbständig bewegen konnte.

Wie würde ein solches Leben für uns ausschauen? Schon mehr als 4.000 Tage, das heißt schon über 96.000 Stunden ans Bett und an den Rollstuhl gefesselt und für jede geringste Erledigung auf die Hilfe anderer Menschen angewiesen zu sein ...
Diese Frau aber lag strahlend und glücklich in ihrem Bett. Ihr Denken galt nur ihren kranken Mitmenschen, den Gelähmten in ganz Deutschland: Mit vielen – diktierten – Briefen, einem einmaligen Telefondienst und Tagungsbesuchen im Rollstuhl schenkte sie ihnen Mut und Zuversicht.
Ich kenne wenige gesunde Menschen, die eine solch glückliche Ausstrahlung besitzen wie diese behinderte Frau!

Liebe führt zur Versöhnung

Liebe kann nicht hassen, nicht einmal mit »leicht bösen« Gedanken zusammen leben. Entweder lasse ich mir von meinem negativen Denken die Liebe rauben, oder ich kehre mich sofort wieder der Liebe zu:

Keinem Menschen wird es möglich sein, gleichzeitig Liebe und Groll im Herzen zu tragen.

Liebe vertreibt alles Böse aus unserem Leben und führt uns immer wieder neu zu Vergebung und Versöhnung. Es gibt keinen noch so großen Haß, der nicht von der Liebe überwunden werden könnte.

Die Heilkraft unseres Lebens

Wir alle wissen heute, daß viele körperliche Krankheiten seelisch bedingt sind. Haß, Neid, Eifersucht, Streit, aber auch Lügen, Ungerechtigkeit und alle Formen von Angst machen krank. Gesundheit wird immer dort gefördert, wo der Mensch in Harmonie und Frieden lebt. Denn Gesundheit besteht aus einem ungestörten, harmonischen Zusammenwirken aller Organe. Dieses aber wird von jeder Disharmonie in unserem Leben gestört.

Ob ich mit mir selbst unzufrieden bin, mit meinem Ehepartner oder meinen Kindern; ob ich zu mir selbst ein gestörtes Verhältnis besitze, weil ich meine Schwächen und mein Versagen nicht annehmen kann, oder ob meine Beziehungen zu einem Mitmenschen oder auch Gott nicht in Ordnung sind:

Immer befinde ich mich auf einer dieser drei Ebenen – in der Liebe zu mir, in der Liebe zu den Mitmenschen, in der Liebe zu Gott – im Widerstreit zum Sinn meines Lebens: »Wir sind geschaffen, um zu lieben und geliebt zu werden.«

Gesundheit ist innerer Friede

Nicht nur die Psychologie, auch die Medizin hat inzwischen erkannt, daß jede seelische Unausgeglichenheit die rhythmischen Abläufe in unserem Körper stört und dadurch krank macht.
Harmonie und Friede – in unseren Gedanken wie in unseren Organen – entstehen nur dort, wo ich meine inneren Kanäle wieder frei und durchlässig mache für die Liebe:
Wo ich den Strom der Liebe neu kreisen lasse durch meine Gedanken und meine Gefühle, dort erfahre ich Frieden und Heilung.
Die Liebe besiegt die seelischen Störfaktoren meiner Gesundheit und vertreibt meine krankmachenden Ängste.

Heilung durch Liebe

Wie oft möchten wir Mitmenschen helfen. Weil wir zu wissen glauben, was diese alles falsch machen, versuchen wir es gerne mit guten Ratschlägen. Dabei ahnen wir nicht, wie wirkungslos oft unsere Vorschläge bleiben.
Erinnern wir uns an Pestalozzi: »Wir können für unsere Kinder *nichts anderes* tun, als sie lieben und ihnen ein gutes Beispiel geben.«
Dies gilt auch für unseren Umgang mit Erwachsenen: Unser Zuhören und nicht unser vieles Reden, unser Beispiel und unser Gut-sein schenken Heilung und nicht unsere vielen gutgemeinten Ratschläge.

Vor über 500 Jahren hatte Paracelsus (1493–1541) bereits ähnliche Erfahrungen gemacht. Er war ja der vielseitigste Naturforscher, Arzt und Philosoph seiner Zeit. Als Entdecker vieler Heilmittel und Heilverfahren wußte er auch, daß es über die von ihm entdeckten Mittel hinaus eine noch bessere Arznei gibt, die er uns als sein Vermächtnis besonders ans Herz legte:
»Die höchste Arznei aber ist die Liebe.«

Mit der Liebe heilen

»Den Strom meiner Liebe kreisen lassen.« Wir alle können diese heilenden Ströme der Liebe auf andere aussenden, wenn wir persönlich davon ergriffen sind.
Gerald Jampolsky, christlicher Arzt und Psychotherapeut am Medical Center der Universität von San Francisco, schildert in seinem Buch »Wenn deine Botschaft Liebe ist . . .« eine Reihe von Heilungen, die allein durch Liebe geschehen sind.
Direkt verblüffend wirkt ein Beispiel, als er anläßlich eines Vortrags seine Zuhörer aufgefordert hatte, an einen todkranken Jungen jetzt gemeinsam Gedanken der Liebe zu senden. Alle im Saal schlossen ihre Augen und konzentrierten sich ganz bewußt auf diesen Kranken, der weit weg von ihnen lebte.
Als Gerald Jampolsky wieder zu Hause war, berichteten ihm die Eltern, daß der Junge zur Zeit des Vortrags einen »Strom der Energie spürte, aufstand und ohne Stock gehen konnte«, obwohl er seit Wochen dazu nicht mehr in der Lage war!

Der Strom der Liebe

steht auch jedem von uns zur Verfügung. Was haben wir schon mit unseren Rechtfertigungen und Kritiken, Aussprachen und Zurechtweisungen erreichen können?
Der beste Weg zur Heilung unserer Beziehungen und seelischen Konflikte ist und bleibt die Liebe.

Oft stecken ja seelische Verletzungen, Enttäuschungen, Einsamkeit, Mißverständnisse hinter unverständlichen Reaktionen unserer Mitmenschen. Und diese alle brauchen ihre Zeit, bis sie ans Licht kommen, aufgearbeitet und geheilt werden können.

Die Liebe allein kann mir Verständnis und Geduld schenken, um Konflikte auszuhalten und durchzustehen. Sie ist die größte Heilkraft, deren Hilfe wir in allen Bereichen unseres Lebens in Anspruch nehmen können.

Früchte der Liebe

Wenn ich aus der Liebe lebe, erfahre ich Kraft zum Ertragen meiner Schwierigkeiten, »Hoffnung gegen jede Hoffnung«, und eine feste Zuversicht, daß selbst aussichtslose Situationen wieder zum Guten geführt werden können.

In einem Leben, das von der Liebe geprägt wird, wachsen mir selbst die Eigenschaften der Liebe zu, nämlich Langmut und Geduld, Glaube, Hoffnung, Güte und Standfestigkeit:

»Die Liebe ist langmütig, die Liebe ist gütig.

Sie ereifert sich nicht,
sie prahlt nicht und spielt sich nicht auf.

Sie verhält sich nicht taktlos
und sucht nicht ihren Vorteil.

Sie läßt sich nicht vom eigenen Zorn reizen
und trägt keinem etwas nach . . .

Sie erträgt alles in großer Geduld.

Sie glaubt alles, hofft alles, hält allem stand.

Die Liebe gibt niemals jemand auf« (1 Korinther 13,4–8).

Arme werden reich,

Schwache werden stark, Kleine werden groß durch die alles überwindende Macht der Liebe:
Wenn ich arm wie eine Kirchenmaus und bedürftig wie ein Bettler,
wenn ich klein wie ein Kind und schwach wie ein Kranker wäre,

wenn ich kein großes Wissen hätte und keine besonderen Fähigkeiten besäße - hätte aber ein Herz voll Liebe: ich könnte die Welt verändern.

Was hatte denn Franziskus von Assisi noch besessen, als er sogar seine Kleider zurückließ und sich auf den Weg machte, um Gottes Kirche neu zu bauen? Reichtum, Macht, Ansehen – alles, was in den Augen der Welt von Bedeutung war – hatte er aufgegeben. Aber mit einem Herzen voll Liebe zeigte er den Menschen den Weg zur Umkehr und Besinnung.

Er liebte die Tiere – und mußte deswegen selbst vor den wildesten unter ihnen keine Angst mehr haben.
Er liebte die Kirche – und nahm dafür Spott und Hohn, Verleugnung und Verfolgung auf sich.
Er liebte die Menschen – und die Menschen verstanden sein Beispiel besser als die Predigten wortgewaltiger Kardinäle.
Er liebte Gott – und wurde dafür mit unvorstellbaren Gnaden beschenkt. Die Liebe gab Franziskus die Kraft zu einem Leben »gegen jede Vernunft«.

Die Liebe schenkt auch heute – am heutigen Tag – Millionen von Frauen, Männern und Kindern die Kraft zum Leben und die Kraft zum Durchhalten unter oft unvorstellbaren Widrigkeiten.

Die Liebe, *»mit der wir alles besitzen«* (Franz von Sales).

Die Liebe, die *»alles überwindet und alles besiegt«* (Vergil).

DIE URKRAFT

Das Prinzip aller Leidenschaften

Schon Augustinus hatte gelehrt, daß »die Wurzeln aller Güter die Liebe« ist. Thomas von Aquin baut darauf auf: »Die Liebe ist das Prinzip aller Leidenschaften. *Alles*, was geschieht, geschieht aus irgendeiner Liebe.«

Der französische Existenzphilosoph und Dramenautor Gabriel Marcel bestätigt mit seinem Wort »Sein ist Liebe« ähnlich wie der deutsche Dichter Friedrich Hölderlin mit seiner Feststellung »Die Liebe gebar die Welt« diese Aussagen. Novalis, Dante und Goethe aber werden noch deutlicher:

Goethe spricht vom »*Eros*, der alles begonnen«.

Für Dante ist die Liebe »die Wurzel und die Triebkraft aller Wirklichkeit ... Sie lenkt die Bahnen der Gestirne und der Menschen.«

Für Novalis bedeutet die Liebe den »Urgrund aller Wirklichkeit«, »das höchst Reale«, das höchst Wirkliche, und »die Einheit des Universums«.

Warum wollen wir?

Ganz gleich, ob es sich um unser Hobby oder um unser Lieblingsessen, um unser Freizeitvergnügen oder unsere berufliche Tätigkeit handelt:
Warum wollen wir vielleicht tanzen, Wein trinken oder schwimmen?

Oder warum möchten wir Blumen zu Hause haben, ein Auto besitzen, in fremde Länder reisen?
Weil wir es entweder gerne tun. Oder weil uns das eine oder andere gut oder schön, in jedem Fall begehrenswert erscheint. Das heißt: Wir wollen tanzen oder schwimmen, weil wir Tanzen oder Schwimmen lieben.

Dies wiederum bedeutet: Was wir wollen, das lieben wir.

Ohne Liebe gibt es kein Wollen!

Dies gilt auch für Dinge oder Tätigkeiten, die wir vordergründig gesehen »nicht lieben«. Wenn ich zum Beispiel schwimmen gehe, obgleich ich es angeblich gar nicht gerne tue, dann schwimme ich eben wegen meiner Gesundheit oder weil ich schlank bleiben will.

Also aus Liebe zu meiner Gesundheit oder aus Liebe zu meinem Körper.

Selbst dort, wo ich eine Abneigung gegen meine Arbeit habe und meinen Beruf vielleicht nicht liebe, arbeite ich doch zumindest des Verdienstes wegen, also aus Liebe zum Geld. In jedem Fall aber bin ich aus Liebe zu meinem eigenen Leben tätig, oder aus Liebe zu meiner Familie, für die ich mit meiner Arbeit den Lebensunterhalt verdienen will.

Wenn ich »nichts« lieben würde – auch nicht mein eigenes Leben –, warum oder wofür würde ich mich dann abmühen?

Der Ursprung allen Seins

So können wir unseren Alltag oder auch unsere ganze Lebenserfahrung überprüfen: Wir werden nichts finden, was nicht aus irgendeiner Liebe – oder gegebenenfalls aus Haß, der zerstörerischen Gegenkraft der Liebe – geschieht.

Jedes Wollen hat immer eine Triebkraft. Das Gute wirkende Wollen: die Liebe. Das negative, zerstörerisch wirkende Wollen: den Haß, die Feindschaft.

Wenn ich also meinem eigenen Nachdenken und den hier belegten Aussagen großer Denker Glauben schenke, dann kann ich daraus schließen:

Es gibt kein schöpferisches Wollen, dem nicht Liebe vorausgeht. Jedes gute Wollen trägt die Liebe zu dem Gewollten in sich.

Das Böse kann gar nichts Neues schaffen, denn es existiert nicht in sich, sondern ist immer nur die Verneinung von etwas Gutem. Kennzeichen aller »Übel« ist ja das Fehlen des Guten.

Folgerichtig gibt es nichts Gutes auf der Welt, das nicht aus Liebe entstanden ist. Die Liebe ist der Ursprung alles Guten.

Die Liebe ist der Ursprung allen Seins.

Die Experimente der Naturwissenschaft

Bis heute ist es der Naturwissenschaft trotz unzählbarer Experimente und großer Anstrengungen nicht gelungen, die Entstehung des Weltalls – oder wenigstens eines einfachsten Stoffes unserer Materie – aus dem angeblichen Nichts zu beweisen.

Vor 50 Jahren glaubten Naturwissenschaftler, im Atom den kleinsten Teil der Materie gefunden zu haben. Dann waren es die Quarks und andere unvorstellbar winzige Mikroteilchen. Schließlich ist die Forschung bei Wellen und elektrischen Strömen angekommen. Diese seien der Ausgangspunkt . . .

Selbst die Theorie vom Urknall, die bis zur ersten Sekunde der Entstehung des Weltalls zurückrechnen und hieraus alle Ur-

sprungs-Vorgänge erklären will, versagt vor der ersten Hundertstel-Sekunde des Schöpfungsbeginns. Wodurch und auf welche Weise der Entstehungsprozeß eingeleitet worden ist, kann die Wissenschaft bis heute nicht sagen.
Große, bedeutende Naturwissenschaftler verstummen an diesem Punkt und weisen auf einen Höheren hin: Es muß ein Wesen geben, das höher und größer ist als alles uns Vorstellbare.

Ein Wesen, das vor allem Anbeginn schon war.

Ein Wesen, durch das alles entstanden ist.

Keine Frage - oder doch?

Für gläubige Leser dieses Buches ist die Antwort natürlich nicht schwer: Gott ist der Schöpfer. Gott hat das ganze Weltall, die Erde, die Natur und den Menschen erschaffen.

»Gottes Wesen ist die Quelle jeglichen Seins. Gott ist der Ursprung allen Seins«, hatte Augustinus schon vor 1600 Jahren verkündet . . .

Wie aber stimmt das mit unserer vorhergehenden Aussage überein, daß »*die Liebe* der Ursprung allen Seins« sei? Das hatte uns doch ebenso eingeleuchtet wie die hier zitierte Antwort des Augustinus.

Noch einmal: Alles Gute, was geschieht (also auch entsteht), geschieht aus Liebe, entsteht aus Liebe.

Also ist »der Ursprung allen Seins die Liebe«.

Als Christen glauben wir aber daran, daß Gott die Welt erschaffen hat.
Also ist doch *Gott* der Ursprung?

Das Wesen Gottes

Folgerichtig kommen wir zu zwei Schlußfolgerungen, die jeweils eine gleiche Ausgangsbasis, aber eine verschiedene Aussage besitzen:

Der letzte Ursprung allen Seins ist die Liebe.

Der letzte Ursprung allen Seins ist Gott.

Wenn der *Ursprung allen Seins* aber einmal die Liebe und einmal Gott ist, dann heißt das in der Wirklichkeit:

Sowohl Gott wie auch die Liebe sind der Ursprung allen Seins.

Gott und die Liebe sind identisch miteinander.

Gott ist »die« Liebe!

Das Wesen Gottes ist Liebe.

Ohne Bibelkenntnis

und das wunderschöne 4. Kapitel des 1. Johannesbriefes haben wir uns auf diesem Weg der wichtigsten Aussage unseres christlichen Glaubens genähert: *Gott ist Liebe* (1 Joh 4,8).

Gott, der Schöpfer des Weltalls und der Begründer unseres Lebens, ist ganz Liebe. Und was er auch unternimmt, was er auch schafft und ins Leben ruft, ist nicht nur sein völlig persönliches Werk.

Es geschieht auch durch seinen ganz persönlichen freien Willen. Niemand kann Gott zwingen, etwas gegen seinen Willen zu tun.

Allem freien schöpferischen Wollen aber – auch dem freien Wollen Gottes – *geht die Liebe voraus*. Es gibt nichts Gutes, was nicht aus Liebe geschieht. Auch nicht – und gerade nicht – bei Gott.

Aus Liebe erschaffen

So hat Gott auch die Welt, unsere Erde, die Natur und den Menschen, nicht aus irgendeiner Laune heraus ins Leben gerufen, sondern ausschließlich und allein aus Liebe. Weil Gott Partner wollte – weil er es liebte, sich mit Partnern umgeben zu können.

Über Gottes Wesen, über seine große, sich ständig verströmende Liebe – und über den Zusammenhang von Gottes Liebe und dem Leid in der Welt – wollen wir in den nächsten Kapiteln nachdenken. Hier lassen Sie mich zunächst den wohl wichtigsten und für unser Leben entscheidendsten Punkt herausstellen:

Wenn ich als Christ glaube, daß mein Leben auf Gott zurückgeht, und wenn ich nach den hier vorgelegten Folgerungen und Schlüssen nun auch glauben kann, daß alles von Gott Gewollte aus Liebe gewollt ist, daß all seinem Handeln die Liebe vorausgeht, dann heißt das für mich nichts anderes als:

Ich bin von Gott aus Liebe gewollt.

Aus Liebe gewollt

Für mich war diese Erkenntnis eine der tiefsten und ergreifendsten Erfahrungen meines Lebens: Ich bin, weil ich *von Gott aus Liebe gewollt* bin.

Mit unserem Verstand werden wir niemals die Tragweite dieser Aussage »be-greifen« können. Allein unser Herz – der symbolische Sitz unserer Liebe – kann ein wenig die Bedeutung erahnen, zu dessen Verständnis wir ein Leben lang auf dem Weg sein werden:

Es war der ausdrückliche Wunsch des heiligen, ewigen, allmächtigen Gottes, daß ich bin.

Mein Da-Sein verdanke ich seiner Liebe.

Die Urkraft allen Seins

Aus Liebe hat Gott die Welt erschaffen. Die Schöpfungsgeschichte berichtet ausdrücklich mehrfach davon, daß »Gott Freude an seiner Schöpfung hatte«. Zum Schluß heißt es noch einmal: »Gott betrachtete alles, was er geschaffen hatte, und er hatte Freude daran: alles war sehr gut« (1 Mose 1,31).

Gott wollte *bewußt* die Existenz des Weltalls, die Schönheit der Erde und die Vielfalt des Lebens. Seine Liebe war und ist die Urkraft, der wir alles verdanken. Auch unsere eigene Existenz.

Schon der Psalmist war sich der Tatsache von Gottes großer Liebe bewußt, als er betete: »Gott führte mich hinaus ins Weite, er brachte mir Rettung, *weil er mich gewollt hat*« (Psalm 18,20).

Die Bearbeiter der Beuroner und Jerusalemer Bibel haben dieses »gewollt« übersetzt mit: »weil er mich liebt«.

Gottes Liebe war es, die mich bewußt gewollt hat.

Gottes Liebe: der Ausgangspunkt meines Da-Seins.

Gottes Liebe: die Urkraft allen Lebens.

DIE LIEBE

Merkmale der Liebe

Lassen Sie mich noch einmal kurz an einige wichtige Eigenschaften der Liebe erinnern: Es gibt nichts Wichtigeres in unserem Leben als die Liebe. Sie ist nicht nur die Mutter aller Tugenden, sie ist auch die größte Kraft unseres Lebens.

Die Liebe kennt weder Grenzen noch jemals ein Ende. Sie kann sich niemals erschöpfen.
Sie wächst in mir in dem Maß, in dem ich selbst liebe. Je mehr Liebe ich ausströme, um so mehr Liebe werde ich erfahren.

Sie macht alles leicht in meinem Leben. Sie erhöht und verwandelt mein Da-Sein. Sie vertreibt die Angst und den Schmerz. Sie führt zu Versöhnung und Heilung.

Weitere Kennzeichen

Die Liebe kann mich überraschen zu jeder Tages- und Nachtzeit.

Sie sucht mich und findet mich, wo ich gerade bin.

Wo ich mich auch aufhalte: Die Liebe begleitet mich.

Sie umfängt mich von allen Seiten. Sie ist vor mir, über mir und in mir.

In welcher Verfassung ich mich auch befinde, wohin ich auch gehe: Ich kann mich jederzeit an der Liebe orientieren. Sie läßt mich nie allein.

Gott ist die Liebe

Über welche Eigenschaften der Liebe wir auch nachdenken, es sind niemals die von Menschen: Ohne Ende und Grenzen, überall erreichbar, sich immer nur verströmen ... Alle diese Merkmale der Liebe sind die Eigenschaften Gottes!

Und wir erkennen jetzt auch besser, daß die Liebe nie an ein Ende kommen kann. Warum sie sich immer nur verschenken und verströmen will: Weil sie selbst in Gott ihren Ausgangspunkt hat. Gott selbst ist die große Quelle der Liebe, die alles vermag, alles überwindet und nie ein Ende hat.

Das heißt aber auch: Liebe ist nicht irgendeine Eigenschaft Gottes. Liebe ist das Wesen Gottes.
Gott selbst besteht in seiner Gesamtheit aus Liebe. Und all sein Handeln wie auch alle seine Eigenschaften entspringen dieser unvorstellbar großen Liebe.

Letztlich ist Gott auch nicht Mann oder Frau, wie schön bildhafte *Gleichnisse* Gott oft als Vater – oder manchmal auch als Mutter – darstellen. Gott ist viel mehr.

Gott *ist* Liebe.

Gott ist *die* Liebe.

Das Geheimnis Gottes

werden wir ebenso wenig jemals vollkommen verstehen können wie das Geheimnis der Liebe. Wir kennen zwar viele Aussagen über Gott. Aber wir können uns der Unendlichkeit und der Heiligkeit Gottes doch immer nur in Gleichnissen und Bildern nahen.

Paul Claudel, der große französische Dichter, sagt von Gott, er sei »der Ursprung, in dem alles beginnt, das Ziel, in dem alles mündet, und die Gegenwart, die alles trägt«.

Und Carlo Carretto schreibt: »Gott ist immer Überraschung«, »Gott ist immer Neuheit«, »Gott ist immer Kreativität«.

Die Quelle der Liebe, Gott, erschließt sich mir nur in dem Maß, in dem sich mein Herz der Liebe öffnet: »Wer nicht liebt, kennt Gott nicht« (1 Johannes 4,8).

Man muß ein Liebender sein – oder zumindest viel Sehnsucht nach Liebe haben –, wenn man die Liebe Gottes auch nur ein wenig erahnen will. »Be-greifen« werden wir sie ein Leben lang nicht.

Das Bild Gottes

Wenn wir in diesem Buch das Wagnis unternehmen, die Liebe – und damit auch Gott – näher ergründen zu wollen, müssen wir uns immer vor Augen halten, daß wir das stets nur in Einzelschritten tun können. Dabei unterlaufen uns oft Einseitigkeiten.
Wenn wir zum Beispiel über die Zärtlichkeit Gottes nachdenken, dann sind wir immer versucht, diese eine Eigenschaft für das gesamte Wesen Gottes in Anspruch zu nehmen. Der Mensch klammert sich häufig an einzelne, ihm besonders wichtig erscheinende Kriterien und übersieht dabei das Ganze.
Gott und seine Liebe aber sind allumfassend. Gott kann – in seiner Liebe und aus seiner Liebe heraus – auch ein strenger und fordernder Gott sein. Immer aber handelt Gott aus Liebe. Wir verstehen dies am leichtesten am Beispiel einer Mutter oder eines Vaters, die ihren Kindern auch nicht alles durchgehen lassen können.
Wo Kleinkinder nicht mehr auf die Ermahnungen der Eltern hören, werden die Eltern – aus Liebe – auch einmal streng oder gar strafend sein.

Unvorstellbar

Was wir von Gottes Liebe am sichersten sagen können: Sie ist unvorstellbar. Wir Menschen werden mit unserem begrenzten Verstand niemals einen unendlichen Gott – und seine sich ohne Ende verströmende Liebe – begreifen können. Gott gibt es ja nicht nur seit 15 bis 20 Milliarden Jahren, dem Zeitpunkt der Entstehung des Weltalls.
Gott – wie auch seine Liebe – gibt es schlicht und einfach »schon immer«. Gott hat keinen Anfang und kein Ende, so wie auch »die Liebe niemals aufhört« (1 Korinther 13,13).

Der »ewige« Gott ist der »ohne Anfang und ohne Ende-Seiende«.

In Gott gibt es auch keine Vergangenheit und keine Zukunft. Gott ist der stets im Jetzt Lebende.

Unvorstellbar und nicht be-greifbar für unseren Verstand, aber immer mehr erfaßbar in unserem Herzen, je mehr wir es der Liebe – und damit Gott selbst – öffnen.

Gottes schöpferische Liebe

übersteigt jedes menschliche Vorstellungsvermögen. Wie einfach hätte es sich Gott mit seiner Schöpfung machen können. Für unsere Ernährung zum Beispiel hätten doch auch eine oder zwei Obstsorten ausreichen können. Wir Menschen hätten das zumindest aus Rationalisierungsgründen und Kostenersparnis so eingerichtet.
Aber wie beschenkt uns Gott in seiner überströmenden Liebe: Nicht nur mit Äpfeln und Birnen, auch mit Aprikosen und Kirschen, Pfirsichen und Quitten, Pflaumen und Mirabellen, Erdbeeren, Brombeeren, Himbeeren, Preiselbeeren, Johannis- und Stachelbeeren ... Orangen und Mandarinen, Melonen und Grapefruits, Feigen und Bananen, Datteln und Ananas ...

Die gleiche faszinierende Vielfalt finden wir in der ganzen Schöpfung. Ob wir an die leuchtende Pracht der Blumen, an die nicht mehr überschaubare Zahl der Pflanzen und Tiere im Wasser, auf der Erde und in der Luft denken, oder ob wir das großartige Spektrum der Farben betrachten:

Wohin wir auch schauen: Überall stehen wir staunend vor dem Reichtum der schöpferischen Liebe Gottes.

Für Schmerzen danken

Selbst unsere normalen Schmerzen können wir als Zeichen der fürsorgenden Liebe Gottes sehen: Was wäre denn, wenn wir keine Zahnschmerzen, keine Magenschmerzen und keine Herzschmerzen kennen würden?
Unsere Zähne würden still vor sich hinfaulen, und wir würden frühestens beim Ausfallen der Zähne etwas von ihrer Krankheit merken.
Unseren Magen würden wir weiterhin mit falscher Ernährung oder schlechtem Kauen drangsalieren.
Und unser Herz würden wir immer mehr überlasten mit Hektik und Streß ...

Jeder normale Schmerz ist ein Zeichen der fürsorgenden Liebe Gottes, ein Warnsignal an uns Menschen.
Wenn wir also wieder einmal Schmerzen empfinden, dann sollten wir nicht gleich zu klagen anfangen. Viel besser und heilsamer wäre es, zunächst Gott für diese Signale zu danken. Wir werden dadurch auch manche Schmerzen leichter ertragen.

Die Zehn Gebote

Wieviel Irrlehren wurden schon über Gott verbreitet. Als alter Mann mit weißem Rauschebart wurde er dargestellt. Mit einem

»Himmelpapa, der schimpft«, wurde uns als Kindern Angst eingejagt. Und seine Gebote wurden als schlimme Pflichten dargestellt. Dabei sind auch die Zehn Gebote Gottes nichts anderes als ein einmaliges Zeichen seiner großen Liebe zu uns Menschen!

Wie würde es auf unserer Erde aussehen, wenn wir nicht die Zehn Gebote Gottes als große Leitlinie für unser Leben hätten? Teilweise erleben wir es doch heute schon in Ballungszentren, wo Einbrüche, Raubüberfälle, Mord und Totschlag zur Tagesordnung zählen.

Wie würde denn ein Leben ausschauen, wenn wir überall mit Rücksichtslosigkeit und Gewalt rechnen müßten? Wenn wir keinem Menschen mehr trauen könnten, weil die Lüge zum normalen Verhalten gehören würde?

Wollen wir denn angelogen und betrogen oder mit Einbruch und Gewalt bedroht werden?

Die Zehn Gebote hat Gott uns Menschen aus Liebe geschenkt, damit es uns gut geht und wir ohne Bedrohung und Gefahr, ohne Täuschung und Hinterlist in Harmonie und Frieden leben können!

Gott will nichts für sich

Eine der schlimmsten Irrlehren über Gott besteht in einem Leistungsdenken, das viele Theologen über Jahrhunderte hinweg verbreitet haben:

Du *mußt* am Morgen und am Abend beten, du *mußt* am Sonntag in die Kirche gehen, du *mußt* die Zehn Gebote halten ...

Am Beispiel der Zehn Gebote haben wir gesehen, daß diese uns zu unserem Schutz und Wohl gegeben sind. Aber nicht als Einschränkung unserer Freiheit oder gar als »Leistung«, die wir für Gott zu erbringen hätten.

Den Sonntag hat uns Gott geschenkt, damit wir nach sechs Tagen anstrengender Arbeit wieder einmal zur Ruhe finden.

Die Nacht – und den Winter – hat Gott geschaffen, damit wir – und die Natur – wieder zu neuen Kräften kommen.

Das Gebet dient unserer eigenen Sammlung und Besinnung. Gott bietet es uns als Möglichkeit an, täglich immer wieder neu Ruhe und Kraft finden zu können.

Alles für den Menschen

Gott hat alles auf den Menschen hin erschaffen, damit es uns gut geht und wir Freude am Leben haben:
Die Großartigkeit der Sternenwelt, die Herrlichkeit der Berge und Täler, die Wunder der Meere und der Kontinente, das Wasser und die Sonne, die Üppigkeit der Wälder und Felder, die Farbenpracht unserer Blumen und die Fülle aller Früchte.

Gott will nie etwas für sich. Alles soll dem Menschen und seinem Heil dienen.

Gott will immer nur helfen

Gott ist nicht nur der Schöpfer des Weltalls. Er trägt auch den ganzen Prozeß der Entwicklung. Ohne sein ständiges Schöpferwirken würde alles ins Nichts zurücksinken.
So will Gott auch unser Leben mitgestalten. Das Alte Testament ist voller Zeugnisse von Gottes Wirken. Und wie er in seiner Liebe immer wieder die Begegnung mit uns sucht, um uns zu helfen und beizustehen.

Jesus selbst hat uns das einmalige Beispiel vom liebenden Vater geschenkt, der auf uns wartet und nach uns Ausschau hält, obwohl wir unsere eigenen Wege gegangen sind und von Gott nichts mehr wissen wollten.

Was Gott dem Josua verheißen hat, gilt doch auch für unser Leben, wenn wir es seiner großen Liebe nur anvertrauen wollten:
»Kein Feind wird sich gegen dich behaupten können, ich werde dir ein Leben lang zur Seite stehen« (Josua 1,5).

»Laß dich durch nichts erschrecken und verliere nie den Mut; denn ich, der Herr, dein Gott, bin bei dir, wohin du auch gehst« (Josua 1,9).

Diese Verheißungen können doch nur dort gelten, wo wir die Begleitung Gottes auch zulassen. Wo wir in der Liebe leben – und nicht dort, wo wir unsere Fragen und Probleme immer wieder allein, ohne Gott, zu lösen versuchen.

»Hab keine Angst, ich stehe dir bei«

– das ist das große Versprechen Gottes an uns Menschen, das er in seiner Liebe und Geduld uns immer wieder neu zuruft (1 Mose 26,3.24; Jesaja 41,10.14; 42,6; Jeremia 15,20 und viele andere Stellen).
Das war auch die Erfahrung des Jesaja: »Wenn ihr zum Herrn um Hilfe ruft, wird er euch sein Erbarmen zuwenden« (30,19).

In ähnlicher Weise bestätigen uns die Psalmisten den Beistand, den Schutz und die Treue Gottes:
»Gott wende ich mich zu, darum bin ich ruhig; von ihm allein erwarte ich meine Hilfe. Er ist der Fels und die Burg, wo ich in Sicherheit bin« (Psalm 62,2f).

»Die Güte des Herrn hat kein Ende«

Diesen herrlichen Kanon von der Güte Gottes, dessen »Erbarmen niemals aufhört« und »neu ist jeden Morgen«, singen heute Hunderttausende auf der ganzen Welt in ihrer jeweiligen Landessprache. Sie durften in ihrem Leben Ähnliches erfahren wie die Frauen und Männer des Altertums:

»So unermeßlich groß der Himmel ist, so groß ist die Güte Gottes zu den Seinen« (Psalm 103,11).

»Voll Güte und Erbarmen ist der Herr, voll grenzenloser Liebe und Geduld« (Psalm 103,8).

Gottes große Geduld

Von allen Jahrhunderten kennen wir Zeugnisse von Gottes großer Geduld und Güte. Vielfach haben wir sie bereits an uns selbst erfahren dürfen.
Wie oft schon waren wir enttäuscht, verärgert, erzürnt, jähzornig oder träge, faul, bequem, böswillig.
Immer wieder haben wir danach Gott um Verzeihung gebeten, ihm Besserung versprochen ...
Wie lange aber hat unser Versprechen gehalten? Wie schnell haben wir Rückschläge erlebt?

Wenn ein anderer Mensch uns nur einen Bruchteil dessen versprochen und nicht gehalten hätte, was wir Gott schon alles zugesagt und nicht eingehalten haben: Wir würden schon lange nichts mehr von dem anderen wissen wollen!

Gott aber wendet sich niemals von uns ab. Er bleibt uns treu, trotz aller ihm zugefügten Enttäuschungen. Seine Treue und Geduld ist so grenzenlos, wie es nur die Liebe selbst sein kann:
Unermeßlich, Unvorstellbar. Ohne jedes Ende ...

Von Gottes Zärtlichkeit

Welch ein Gottesbild hatte man uns früher oft lehren wollen: Von einem Gott, zu dem man zwar betet, in die Kirche geht und ehrfürchtig aufschaut, der aber im übrigen nicht viel mit unserem Alltag und noch weniger mit unseren Gefühlen zu tun hatte. Gott selbst hatte doch keine inneren Regungen ...

Die Offenbarungen Gottes in der Bibel aber zeigen uns – ähnlich wie die Erfahrungen großer Mystikerinnen und Mystiker – ein ganz anderes Bild:
»Als Israel noch jung war, gewann ich es lieb. *Wie ein Vater seinen Sohn* rief ich es aus Ägypten.«
»Ich hatte Israel auf den Armen getragen, ihm die ersten Schritte gelehrt ...«

»*Freundlich und liebevoll* leitete ich sie, wie ein Bauer, der einem Rind das Joch anhebt, damit es leichter fressen kann, *der sich sogar bückt, um ihm sein Futter hinzuhalten* ...«

»Wie könnte ich dich aufgeben, Efraim, wie dich im Stich lassen?«

»*Das Herz dreht sich mir um* ... mich packt das Mitleid mit dir.«

Spüren wir ein wenig aus diesen Worten (Hosea, Kapitel 11), mit welch großem inneren Gefühl Gott Anteil nimmt am Schicksal seines Volkes?

Gott hat ein Herz

»Das Herz dreht sich mir um«, lasen wir eben. Salomo, der Gott so sehr erfreut hatte, weil er sich anstatt Macht und Reichtum von Gott ein Herz gewünscht hatte, »das auf deine Weisung hört« - diesem Salomo antwortete Gott auf sein großes Dankgebet nach der Errichtung des Tempels:

»Ich habe dein Gebet erhört. Ich habe diesen Tempel, den du gebaut hast, zu einer heiligen Stätte gemacht, an der ich immer für euch zu finden bin. Meine Augen sind stets auf dieses Haus gerichtet, dort ist mein ganzes Herz euch zugewandt« (1 Könige 9,3).

»Meine Augen sind *stets* auf dieses Haus gerichtet, dort ist *mein ganzes Herz* euch zugewandt«: Gibt es einen schöneren Beweis zärtlicher Liebe?

Den Verbannten aus Juda ruft Gott zu: »Kommt zurück, ihr davongelaufenen Kinder . . . ich schenke euch Hirten nach meinem Herzen« (Jeremia 3,14f).

Von Efraim – der Name des jüngsten Sohnes Josefs steht hier stellvertretend für das Nordreich Juda – sagt Gott an anderer Stelle:

»Sooft ich auch an ihn denke, *mein Herz schlägt für ihn.* Ich muß mich seiner erbarmen« (Jeremia 31,20).

Gott spricht zum Herzen

In allen Berichten von Gottes Anteilnahme an seinem Volk lesen wir immer wieder, wie Gott sich an die *Herzen* der Menschen wendet:

»Mehr als alles hüte dein Herz, denn von ihm geht das Leben aus« (Sprichwörter 4,23).

»Ich, der Herr, erforsche das Herz« (Jeremia 17,10).

»Ich lege mein Gesetz in sie hinein und schreibe es auf ihr Herz« (Jeremia 31,33).

Nicht der Verstand

ist wichtig für Gott, sondern unser Herz. So will er auch immer wieder zu unseren Herzen sprechen und unser Herz neu bilden: »Ich will sie *in die Wüste locken* – (nicht zwingen!) – und dort *zu ihren Herzen sprechen*«, sagt er in Hosea 2,16.

Ein neues Herz will Gott uns schenken: »Ich gebe euch ein neues Herz und einen neuen Geist. Ich nehme das versteinerte Herz aus eurer Brust und schenke euch ein Herz, das fühlt. Ich erfülle euch mit meinem Geist und mache aus euch Menschen, die nach meinem Willen leben, die auf meine Gebote achten und sie befolgen« (Ezechiel 36,26).
Ein Gott, der sich so sehr in seinem Innersten uns zuwendet, der so zärtlich zu unseren Herzen spricht, sollte selbst kein Herz haben und keine Zärtlichkeit kennen?

Wie ein Vogel über seine Jungen wacht

Immer wieder berichtet die Bibel von Gottes zärtlicher Liebe: »Wie ein Adler seine Jungen habe ich euch getragen und wohlbehalten hierher gebracht« (2 Mose 19,4).

»Ich mache euer Land zu einem prächtigen Garten ... ihr seid meine Herde, für die ich sorge« (Ezechiel 34,29f).

»Wie ein Vogel über seinem Nest schwebt, *um über seine Jungen zu wachen*, so werde ich Jerusalem beschützen« (Jesaja 31,5).

»Kommt zu mir und laßt euch helfen, ihr Menschen der ganzen Erde« (Jesaja 45,22).

Können Sie ein wenig erahnen, wieviel Zärtlichkeit aus solchen Worten klingt? Kann so jemand sprechen, der nicht ein ganz großes Herz voller Liebe hat?

Kein Zwang

Niemals gebraucht Jesus oder auch Gott selbst das Wort »müssen«. »Du mußt« ist ein von Menschen sehr oft, aber niemals ein von Gott gebrauchtes Wort.

Selbst bei den Zehn Geboten verwendet Gott nicht »müssen«. Menschen haben in den Text der Zehn Gebote das Wort »Du sollst« hineingebracht. Die hebräische Urfassung lautet aber viel besser übersetzt »Du wirst«:

»Weil ich, der Herr, dein Gott, dich aus der Gefangenschaft Ägyptens befreit habe.
- wirst du keine anderen Götter neben mir haben,
- wirst du mir deine ungeteilte Liebe schenken,
- wirst du den Tag der Ruhe nicht vergessen,
- wirst du Vater und Mutter ehren,
- wirst du nicht töten und keine Ehe zerstören,
- wirst du nicht lügen und nicht stehlen« (2 Mose 20,2–16).

»Weil ich dir immer wieder neu zeige, wie sehr ich dich liebe und für dich da bin, wirst auch du mich lieben.«

Gott übt niemals Zwang oder Druck aus. Er will unsere Liebe und Verehrung aus einem freien Herzen, aus Überzeugung. Niemals greift er in unsere freie Entscheidung ein.

Auch Jesus gebraucht nicht das zwanghafte »du mußt«, wenn er Wege zu unserem Glück aufzeigen wollte:
»*Selig* sind die geistlich Armen ...,
selig sind die Sanftmütigen ...
selig sind die Barmherzigen ...« (Matthäus 5,3ff).

Niemals sagt Jesus »du mußt« arm, sanftmütig, barmherzig sein ... »Selig« – zärtlich, verheißungsvoll und nicht ultimativ fordernd – das ist die Sprache Gottes und die seines Sohnes:

»Quält euch nicht. Kommt zu mir, die ihr mühselig und beladen seid. Ich lege euch keine Lasten auf, bei mir findet ihr Ruhe und Erfüllung« (Matthäus 11,28f).

Gottes Treueversprechen

»Jahwe ist mein Name«, hatte Gott aus dem brennenden Dornbusch heraus dem Mose geoffenbart. »Ich bin der ›Ich-bin-da‹. Das ist mein Name auf ewig. So sollen mich auch die kommenden Generationen nennen« (2 Mose 3,14f).

»Ich bin der Ich-bin-da«, ruft Gott auch heute noch allen zu, die sich von ihm Hilfe erhoffen.

Gibt es ein schöneres Zeichen seiner Liebe als diesen von ihm selbst gewählten Namen, mit dem er gleichzeitig allen Generationen sein großes Treueversprechen geschenkt hat:

Ich werde für euch da sein.

Ihr werdet immer Hilfe bei mir finden.

Zu jeder Zeit.

An jedem Ort.

DAS GROSSE GESCHENK

Liebe ist das Ur-Geschenk

In einer Welt ohne Liebe wären Rechthaberei und Heuchelei, Rücksichtslosigkeit und Hartherzigkeit an der Tagesordnung. Wo es keine Liebe gibt, regieren Eifersucht und Neid, Ellenbogen und Steinwürfe, Haß und Mord, Fanatismus und Völkerkrieg.

Aufrichtigkeit und Freundlichkeit, Rücksichtsnahme und Hilfe finden wir nur dort, wo Menschen sich von der Liebe leiten lassen.

Die Liebe ist Gottes großes Geschenk an die Menschheit. Ohne diese Liebe hätten wir keinen Frieden und keine Freude. Weder die neueste Mode noch das rassigste Auto, weder die herrlichsten Weltreisen noch das größte Bankkonto würden uns zufrieden stellen.

Erst durch die Liebe erfährt unser Da-Sein und alles, was uns umgibt, seine Freude und seinen Wert. Die Liebe ist gleichsam der Schlüssel zum Sinn aller Dinge.

»Die Liebe ist das Ur-Geschenk. Alles, was uns sonst noch gegeben werden mag, wird erst durch sie zum Geschenk« (Teresa von Avila).

Das Geschenk der Liebe

Die Fortpflanzung des Menschengeschlechts wäre sicher auch wie bei der Erschaffung Adams durch Weitergabe des Atems möglich gewesen. Oder hätte wie bei den Blumen und Pflanzen stattfinden können. Ohne Lust und ohne Liebe.

Hätten wir überhaupt Eltern gebraucht? Und ist uns bewußt, welch großes Geschenk die Eltern-Kinder-Beziehung in der Geborgenheit der Familie für uns alle bedeutet?

Gott hat uns die Einmaligkeit der Liebe geschenkt, damit wir vom ersten Augenblick unseres Lebens, ja schon vom Beginn der Zeugung an und während unseres Entstehens im Mutterleib, Geborgenheit und Wärme erfahren dürfen – und nicht Alleinsein und Kälte ausgesetzt sind.

Ich bin ein Geschenk

Es war Gottes ausdrücklicher Wille, daß wir selbst zu einem Geschenk werden für unsere Eltern, für unsere Kinder und alle unsere Mitmenschen:

»Alles ist geschaffen als ein Geschenk der Liebe für mich. Und ich selbst bin geschaffen als ein Geschenk für die anderen« (Chiara Lubich).

Was gibt es Schöneres für mich?

Ich darf ein Geschenk sein für andere!

Ich darf Freude bereiten und Mut machen ...

Ich darf anderen Menschen zum Segen werden ...

Ich darf lieben und ich werde geliebt ...

Mein Leben wird zu einem einzigartigen Geschenk, weil Gott mir als tiefste Sehnsucht die Liebe geschenkt hat!

Gottes Maßstab

Gott hat »die Liebe ausgegossen in unser Herz« (Römer 5,5) und es ausgestattet mit dem größten Verlangen, das Menschen erfüllen kann.
Aber Gott hat uns zu dieser seiner Liebe auch die Freiheit der eigenen Entscheidung geschenkt. Und weil er unsere Unbeständigkeit kennt, auch unsere Trägheit und Bequemlichkeit, hat er die Liebe – und nichts als die Liebe – zum wichtigsten Maßstab für das Leben des Menschen erhoben:

Die Liebe ist »das *größte und wichtigste* Gebot« (Matthäus 22,38), das all unser Handeln bestimmen soll. Unsere Beziehung zu unseren Mitmenschen und zu Gott selbst soll vor allem von der Liebe geleitet werden:
»Was ich von euch verlange, ist klar wie der helle Tag: Liebe will ich von euch und nicht, daß ihr mir Tiere schlachtet! Ihr sollt mir nicht Brandopfer darbringen, sondern tun, was mir gefällt« (Hosea 6,6).

Du fängst an zu begreifen

Als Jesus einem Gesetzeslehrer das wichtigste Gebot – das Gebot der Gottes- und der Menschenliebe – erklärt hatte, bestätigte ihm der Gesetzeslehrer:
»Du hast vollkommen recht, Lehrer. Es ist so, wie du sagst. Nur einer ist Gott, und es gibt keinen Gott außer ihm. Und darum sollen wir Gott lieben von ganzem Herzen, mit ganzem Verstand und mit allen Kräften, und unsere Mitmenschen lieben wie uns selbst. Das ist viel wichtiger, als Gott Brandopfer und alle möglichen anderen Opfer darzubringen« (Markus 12,32f).

Jesus fand, daß er »vernünftig geantwortet« hatte, und sagte zu ihm: »Du fängst an zu begreifen, was es heißt, sich der Herrschaft Gottes zu unterstellen« (Markus 12,34).

Du fängst an zu begreifen: Liebe will Gott und keine Opfer, mit denen wir nur unser Gewissen beruhigen oder unsere Lieblosigkeit und Trägheit entschuldigen und freikaufen wollen.

Auch die ersten Christen taten sich schwer mit ihrem religiösen Leistungsdenken. Paulus hatte alle Mühe, Gottes wirklichen Willen ihnen bekannt zu machen:
»Wer den anderen liebt, der hat den Willen Gottes erfüllt . . . *Den anderen lieben bedeutet also: das ganze Gesetz Gottes erfüllen«* (Römer 13,8.10).

Das neue Gebot

Jesus selbst hatte ja schon festgestellt, daß »in diesen beiden Geboten« – der Gottes- und der Menschenliebe – »alles zusammengefaßt ist, was das Gesetz und die Propheten fordern« (Matthäus 22,40).

Gleichsam als sein Vermächtnis hinterläßt er seinen Jüngern ein »neues Gebot«: »Ich gebe euch jetzt ein neues Gebot, das Gebot der Liebe. Ihr sollt einander genauso lieben, wie ich euch geliebt habe. Wenn ihr einander liebt, werden alle erkennen, daß ihr meine Jünger seid« (Johannes 13,34f).

Bei seinem Gleichnis vom wahren Weinstock fügt Jesus gleichsam beschwörend noch einmal an:
»Dies ist mein Gebot: Ihr sollt einander so lieben, wie ich euch geliebt habe« (Johannes 15,12).

Und noch einmal wiederholt er einige Verse weiter:
»Ich gebe euch nur dieses eine Gebot: ihr sollt einander lieben« (Johannes 15,17).

LIEBE UND LEID

Die schwierigste Frage

Mit diesem Kapitel wenden wir uns der schwierigsten Frage des ganzen Buches zu, wenn nicht sogar dem schwer verständlichsten Problem unseres Lebens: Warum gibt es so viel Leid in der Welt?

Warum muß ausgerechnet ich – oder mein Ehepartner, mein Kind, ein Freund oder eine Bekannte von mir – soviel Schweres mitmachen, so schlimmes Leid ertragen?
Wie kann ein Gott – dessen Wesen ganz Liebe sein soll und dem wir so großartige Wunderwerke in seiner Schöpfung verdanken –, so viel Leid und Unheil in der Welt zulassen?

Wir wollen zwar nicht an den Erfahrungen unserer Vorfahren zweifeln, für die Gott »eine feste Burg« war; der sie »auf sicheren Wegen geleitet« und »seinen Engeln befohlen hat, dich zu behüten« (Psalm 71,2; 23,3; 91,11).
Aber trotzdem: Neben all den Großtaten Gottes und den Zeichen seiner Liebe erleben wir doch auch viel Leid und Unheil in der Welt, in unserer Umgebung, in unserem eigenen Leben.

Warum?

Warum bin ich seit vielen Jahren so krank?

Warum ist mein Kind körperlich – geistig – behindert?

Warum mußte mein Ehepartner so früh sterben?

Warum müssen so viele Menschen leiden?

Warum verhungern so viele unschuldige Kinder? Warum?

Wie kann Gott, der die Liebe selbst sein will, all das zulassen?

Warum verhindert er nicht das Leid in der Welt?

Hat Gott doch kein Herz und keine Gefühle?

Ist er vielleicht nur ein abwesender, ferner, untätiger Gott?

Kann Gott Leid nicht verhindern?

Wenn wir auf alle Fragen des Elends und des Leids in der Welt eine Antwort finden wollen, wird uns dies bis an unser Lebensende nicht gelingen. Die letzten Geheimnisse werden wir niemals erkennen können.
Aber wir können uns Gott – und dem Leid – in kleinen Schritten nähern. Wir können versuchen, über die uns bekannten Tatsachen und Erfahrungen zunächst einmal nachzudenken.

Lassen Sie uns dazu eine erste Frage stellen: Wenn Gott wirklich in seinem ganzen Wesen Liebe ist, warum verhindert er dann nicht die vielen Schrecken und Leiden dieser Welt?
Sollten sie vielleicht zu seinem Schöpfungsplan gehören? Will Gott gar Leid und Elend?
Oder kann er es nicht verhindern? Ist er vielleicht gar nicht der »Allmächtige«, der alles bewirken kann?

Ein großes Mißverständnis

Das große Mißverständnis liegt in unserem Denken über die Allmacht Gottes. Unter Gottes Allmacht verstehen wir leichthin, daß Gott alles machen, alles schaffen und alles verhindern könnte.

Das aber stimmt *so* nicht. Gott ist zwar der Schöpfer des ganzen Weltalls, der im ganzen All Mächtige. Er ist aber nicht der »Allmächtige« *im Sinn unserer Vorstellungen.*

Gottes Wirken hat immer eine innere Gesetzmäßigkeit. Wenn er diese nicht beachten würde, würde er gegen sein eigenes Wesen verstoßen. Dadurch hat Gott in seiner Schöpfung sich selbst Grenzen gesetzt.

Gott übt nie Druck aus

Wir wissen zwar, daß Gott manchmal das Handeln eines Menschen beeinflussen möchte. Aber er schränkt dabei niemals die persönliche Willensfreiheit des Einzelnen ein.

Wenn Gott bei einem Menschen etwas bewegen will, dann bewirkt er das durch innere Eingebungen. Er regt an, etwas zu tun oder zu unterlassen, er fördert oder ermuntert uns oder er mahnt und warnt. Das alles aber geschieht in unserem Innersten so leise und so zärtlich, daß wir es eher überhören, als daß Gott sich uns aufdrängen würde.

Gott übt niemals Druck oder Gewalt aus. Immer und überall respektiert er unsere persönliche freie Entscheidung.

Ohne Freiheit keine Liebe

Und Gott wird sich auch immer an die Voraussetzungen seiner Liebe halten. Die erste und wichtigste Voraussetzung jeder Liebe aber heißt Freiheit: Ohne Freiheit ist keine Liebe möglich. Liebe kann man weder befehlen noch kontrollieren. Kein Diktator kann uns zwingen, ihn zu lieben.

Auch wir können anderen unsere Liebe nicht aufdrängen. Wir alle kennen Beispiele aus dem Leben, »wo der Zug abgefahren ist«; wo man »Reisende nicht aufhalten« kann, wenn sie von unserer Zuwendung nichts mehr wissen wollen.

Liebe kann sich nur dort entfalten und nur dort angenommen werden, wo sie in Freiheit angeboten wird.

Die Freiheit gehört ja zu unseren großen Sehnsüchten und Triebkräften!

Für die Freiheit gehen Menschen auf die Straße.
Für die Freiheit sind Menschen bereit, alle ihre Habe aufzugeben – selbst ihre Heimat und ihren Besitz zu verlassen.

Für die Freiheit geben Menschen ihr eigenes Leben dahin.

Leben und Liebe können ihrem ganzen Wesen nach sich nur in Freiheit entfalten.

Das Beispiel des Vaters

Im Gleichnis vom verlorenen Sohn hat Jesus uns aufgezeigt, wie sehr Gott die Freiheit des Menschen respektiert: Der Sohn hatte keine Lust mehr, zu Hause zu bleiben. Er verlangte vom Vater sein Erbteil und zog in die Fremde. »Dort lebte er in Saus und Braus und verjubelte alles« (Lukas 15,13)

Der Vater aber hat ihn ziehen lassen. Er hat die Freiheit des Sohnes nicht eingeschränkt, obwohl er wissen konnte, daß der Sohn das vom Vater in vielen Jahren schwer erarbeitete Vermögen in Kürze verschleudern würde.

Gott beschränkt nicht unsere Freiheit, selbst wenn wir die größten Dummheiten und schlimmsten Schäden anstellen. Gott respektiert immer die freiheitliche Entscheidung des Menschen.

Der Mißbrauch der Freiheit

Gott hat dem Menschen seine ganze Freiheit geschenkt, weil Liebe ohne Freiheit einfach nicht möglich ist. Gott nimmt dabei in Kauf, daß der Mensch mit der ihm geschenkten Freiheit nicht nur sehr großzügig umgeht. Er kann sie auch – täglich, stündlich, jederzeit – mißbrauchen.
Der Mensch kann sogar Gott beschimpfen, verspotten, beleidigen, bekämpfen und verfolgen ... Gott greift auch dann nicht in das freiheitliche Handeln des Menschen ein.

Wenn also einer sich maßlos betrinkt, in diesem Zustand sich ans Steuer seines Autos setzt und an der übernächsten Kreuzung ein Kind überfährt:
Ein Mensch hat die ihm von Gott geschenkte Freiheit sträflich mißbraucht und großes Leid über ein Kind und seine Familie gebracht.

So schwer verständlich in diesem und in vielen anderen Fällen uns auch das »Schweigen« Gottes, seine Zurückhaltung, erscheint: Gott nimmt eher schreckliches Leid in Kauf, als daß er von der Freiheit seiner Liebe abrücken würde. Denn mit jeder Beschränkung der Freiheit würde Gott gegen sein eigenes Wesen handeln.

Daß Gott uns aber dabei nicht zumutet, dieses – von ihm niemals gewollte und niemals verursachte – Leid allein zu tragen, sondern daß er ganz persönlich in unser Leid herabkommt, wollen wir noch betrachten.

Fehlverhalten als Ursache von Leid

finden wir überall, wohin wir auch schauen. Beginnen wir mit unseren eigenen Gewohnheiten:
Wir sorgen nicht für den richtigen Ausgleich zwischen Anspannung und Entspannung, zwischen Arbeit und Erholung.

Wir ernähren uns falsch und bewegen uns zu wenig. Viele rauchen zu viel und trinken Alkoholika und Kaffee im Übermaß, obwohl heute jeder Bürger über die Schäden der Genußgifte ausreichend informiert ist.

Wir beziehen Gott nicht in unseren Alltag ein. Alles wollen wir allein können und selbst bewältigen. Kein Wunder, daß uns übermäßige Sorgen und Streß krank machen.

Wir kritisieren und verurteilen, tragen Groll und Zorn, Neid und Eifersucht in unserem Herzen und wundern uns, wenn wir Herzbeschwerden oder Magengeschwüre bekommen. Wenn die Menschheit wüßte, wieviele Krankheiten auf die Unversöhnlichkeit unseres Denkens zurückgehen!

Ursachen des Leids

Das Leid in der Welt wird hauptsächlich durch eine dieser Quellen verursacht:

- durch eigenes körperliches oder seelisches Fehlverhalten, wobei nicht jede Krankheit auf persönliche Sünden zurückgeht. Krankheiten kann ich auch bekommen durch Ansteckung oder Vererbung oder

- durch bewußte – oder unbewußte – Schuld Dritter: der betrunkene Autofahrer; ein unvorsichtiger Monteur, der einen Brand verursacht; das Fehlverhalten meiner Vorfahren ...

- durch von der Menschheit selbst verschuldete Katastrophen oder auch

- durch Katastrophen, für die wir Menschen »keinen Schuldigen« ausmachen können.

Leid durch Katastrophen

Wenn Kinder in der Sahelzone verhungern oder wenn uns in Zukunft in Südamerika oder durch das Ozonloch ähnliche Naturkatastrophen auf der Welt bevorstehen, dann ist daran beim besten Willen nicht der »liebe Gott« schuld, der ja »gar kein lieber Gott sein kann, wenn er solche schlimmen Zustände zuläßt«. Die Wahrheit ist, daß der Mensch viele Katastrophen selbst verursacht:
So entstand zum Beispiel die Hungersnot in der Sahelzone, weil die Einwohner ihre Wälder abgeholzt hatten. Mit dem Verkauf des Holzes nach Europa war Geld leichter und schneller zu verdienen als mit dem Anbau von Hirse, die auch auf trockenem Boden wächst, weil sie wenig Wasser benötigt.
Der Verlust der Wälder aber hat den Kreislauf der Natur durcheinandergebracht, wie er jetzt durch die Abholzung der Regenwälder in Südamerika wiederum gestört wird.

Bergrutsch-Katastrophen sind in ähnlicher Weise von Menschen verschuldet: Um Platz für Skiabfahrten und Gondelbahnen zu machen, holzt man große Teile der Schutzwälder in den Bergen ab. Die Schneelawinen bekommen freie Bahn ... Und das später einsetzende Tauwasser wie das Wasser der großen Regenfälle kann nicht mehr im Boden versickern. Denn das bisher durch die Baumwurzeln aufgelockerte Erdreich ist jetzt verkrustet und weist das Wasser ab. Sturzbäche mit Steinen und Erdmassen sind die zerstörerische Folge.

Von Menschen nicht verschuldet

Natürlich müssen wir anerkennen, daß Leid auch durch Naturkatastrophen entsteht, die vom Menschen nicht verschuldet sind. Ich frage mich aber, ob der Mensch nicht einmal sensibler war und die Zeichen der Natur besser erkennen konnte, so wie heute noch viele Tiere.

Wir haben kein Gespür mehr für diese Zeichen der Erdentwicklung. Und wir achten nicht mehr auf die Signale der Schöpfung. So bauen wir heute auch an gefährdete Berghänge, obwohl uns die Lawinen- und Bergrutschgefahr an solchen Stellen bekannt ist.

Gott will kein Leid

Doch ob Leid verschuldet oder unverschuldet über uns kommt – es trifft uns jedesmal und ist »oft nicht zu ertragen«.
Gott weiß um diese unsere Not und er leidet mit uns an diesem Konflikt, daß Liebe ohne Freiheit nicht möglich ist; Freiheit aber nur zu oft zum Bösen hin mißbraucht wird.
Gott leidet noch viel mehr als wir. Denn in seiner übergroßen Liebe möchte er zu gerne nur alles Unheil von uns fern halten. Er ist ja der, der unser Heil – und niemals unser Unheil – will.

Aber an diesem Punkt wird der All-Mächtige zum Ohn-Mächtigen. Hier in seiner Ohnmacht zahlt Gott selbst den Preis für seine Liebe: den Preis für die uns aus Liebe geschenkte Freiheit.

Noch einmal: Gott will absolut kein Leid. Aber weil er es gerade wegen der uns geschenkten Freiheit nicht verhindern kann, will er es selbst auf sich nehmen und gemeinsam mit uns tragen.

Gott leidet mit uns

Der Freiburger Dogmatikprofessor Dr. Gisbert Greshake schreibt dazu in seinem Bändchen »Der Preis der Liebe«:
»Gott ist nicht der Moloch, der selbst unbetroffen vom Leid selig in Höhen über dem Tränental der Schöpfung thront. Er läßt sich selbst vom Leid treffen und betreffen.
Schon die jüdisch-rabbinische Theologie hat auf Grund mancher Andeutungen im Alten Testament eine Theologie des Mit-Leidens Gottes entfaltet.

Da, wo Israel leiden muß, leidet Gott persönlich mit. ›Gott stellt sich mit dem gebeugten Herzen auf die gleiche Stufe‹, heißt ein rabbinischer Ausspruch.
Die beiden Schriftverse: ›In all ihrem Leid geschah *ihm* Leid‹ (Jesaja 63,9) und ›Mit ihm (dem leidenden Menschen) bin *ich* im Leid‹ (Psalm 91,15) sind die klassischen Verse, von welchen aus die Rabbinen zum Gedanken des Mit-Leidens Gottes vorstießen ...
Dieser schon im Alten Testament wurzelnde Gedanke vom mitleidenden Gott findet schließlich im Neuen Testament seine volle Entfaltung und Verwirklichung. An Jesus Christus wird deutlich, daß Gott in unsere Leidensgeschichte wirklich eingeht, daß er buchstäblich mit uns mit-leidet, um Leid von innen her zu überwinden. Gottes Geschichte wird zur Leidensgeschichte ...«

Anspucken und auspeitschen

Jesus läßt sich um unserer Sünden willen beschimpfen und verspotten, anspucken und auspeitschen ...

Und schließlich ans Kreuz schlagen ...

Noch drei Stunden lang erfährt der gequälte Jesus am Kreuz alle Schmerzen und Leiden dieser Welt.

Sein Körper: Blutig geschlagen, ausgepeitscht, angenagelt ...

Sein Geist: Einsam, wie noch keiner Einsamkeit erfahren hat. Fast alle seine Jünger und Anhänger waren davongelaufen ...

Verlassen, wie noch keiner Verlassenheit erfahren hat. Er, der so vielen Menschen helfen, ihre Krankheiten heilen, selbst Tote erwecken konnte, mußte sich hilflos durch eine gaffende Menge schleppen. Jetzt hängt er sterbend am Kreuz:
»Mein Gott, mein Gott, warum hast du mich verlassen ...«

Das Geheimnis des Leids

Können wir ein wenig erahnen, was es für Gott bedeuten mußte, seinen über alles geliebten Sohn in dieser Qual und Verlassenheit, am Kreuz hängend, mit-zu-erleben?

Welches Leid hatte Gott mit seinem Sohn ertragen und ausgehalten!

»Menschlich« würden wir sagen: wie grausam kann solch ein Gott sein.

Aber dies ist eines seiner großen Geheimnisse: Gott nimmt selbst diese schlimme Pein auf sich, um dadurch der ganzen Menschheit für alle Zeiten ein sichtbares Zeugnis seiner unvorstellbaren Liebe zu geben:

Ich selbst leide mit dir, wie ich mit meinem Sohn gelitten habe.

Jesus ist auch für dich am Kreuz gestorben, damit du heil und frei werden kannst von all deinen Sünden und Belastungen. Und frei werden von deinen Ängsten und Sorgen.

Ich kann nicht jedes Leid verhindern.

Aber ich kann dir dein Leid tragen helfen.

Dazu will ich immer bei dir sein.
Auch und gerade in den schwersten Stunden deines Lebens.

Die Liebe kann Leid überwinden

Wer kann schon alle Geheimnisse des Leids ergründen? Lassen Sie mich zum Schluß dieses Kapitels nur noch einige wichtige Gedanken anfügen: Das Leid kam durch die Sünde in die Welt.

Wir selbst machen unser Leid dort »nicht mehr ertragbar«, wo wir uns – und so lange wir uns – gegen unser Schicksal auflehnen!

Das Leid ist in der Welt. In dieser Welt aber gibt es nichts, das nur schlecht, und nichts, das nur gut wäre. *Es liegt immer an uns, was wir aus einer jeweiligen Situation machen.*

Dort, wo wir Gott in *jedes Ereignis* unseres Lebens hereinholen, im Vertrauen darauf, daß er »aus *jeder* Situation wieder etwas Gutes machen kann« (Römer 8,28), dort bekommen wir auch die Kraft und die Liebe geschenkt, unser eigenes Leid tragen, aushalten und verwandeln zu können.

Dort, wo ich »Ja« auch zu meinem Leid, zu meinen Ängsten und zu meiner Krankheit sage, dort wandelt Gott »alles zum Guten«! Wo ich aber versuche, mit meinem Leid allein fertig zu werden, komme ich leicht an den Rand der Verzweiflung.

Leiden ohne Gott kann zur Hölle auf Erden werden.

Leiden mit Gott läutert, stärkt, vertieft und verklärt unser Leben.

Erinnern wir uns an jene gelähmte Frau, von der ich erzählt habe. Ihre strahlenden Augen und die vieler anderer Menschen, die schon großes Leid bestanden haben, bezeugen uns diese Kraft der Liebe: Der Liebe, die alles erduldet und alles erträgt ... Der Liebe, die alles überwindet.

»Lieben« aber heißt »Ja« sagen, annehmen, anerkennen ... Und schließlich sogar loben, danken und verherrlichen.

Wenn wir einmal diese Haltung auch gegenüber unserem Leid einnehmen können, werden wir Gott neu begegnen.

Wird unser Leben heil werden.

WAS HEISST LIEBEN?

Landläufige Meinungen

Unter »lieben« verstehen viele »sich lieben«. Einige beziehen das auf ihr eigenes Ego, nämlich »mich lieben«. Ein größerer Teil setzt »sich lieben« ausschließlich mit sexuellen Spielen gleich. Jungverliebte empfinden unter lieben zärtliche Gefühle, die sie mit vielen schönen Worten, aber auch in den verschiedensten Formen von Küssen und Streicheleinheiten zeigen wollen.

»Verwöhnen« gilt als ein besonderes Zeichen von Liebe.
Viele Großeltern glauben, ihren Enkeln mit Süßigkeiten und Spielsachen Liebe zeigen zu können.
Eine Mutter versicherte mir einmal glaubwürdig, daß sie ihrem 23jährigen Sohn täglich die Zahnpasta auf die Zahnbürste drükken würde. Sie glaubte, dadurch ihm ihre Liebe zu zeigen ...

Ist das alles wirkliche Liebe? Bewirken manche »Liebes«-bezeugungen nicht das Gegenteil von dem, was Liebe tatsächlich erreichen will? Was heißt »lieben« wirklich?

Eine überraschende Antwort

Schauen wir uns einmal unsere Sprache genauer an. Bei der näheren Betrachtung unserer Worte finden wir oft aufschlußreiche Antworten. So können wir auch entdecken, daß das Wort »lieben« sich aus dem Wortstamm »Leben« ableitet. Und dieses unser »Leben« ist auch enthalten in den Worten »laben« und »loben«.
»Leben – laben – loben – lieben« gehören zu ein und derselben Wortfamilie!

Wenn wir etwas weitergehen, finden wir sogar noch »Glauben« und »Leib« als Verwandte. Aber bleiben wir bei den ersten vier Worten.

Laben – loben – lieben

»Leben« braucht Labung. Ohne leibliche und geistige Nahrung kann sich unser Leben nicht entwickeln.

»Leben« braucht Lob. Wo wir nicht Anerkennung und Bestätigung finden, erfahren wir keinen Auftrieb, entfalten sich nicht unsere Fähigkeiten.

»Leben« braucht Liebe. Ohne Liebe bleibt unser Leben einsam und kalt.

Wo wir keine Liebe erfahren, erleben wir Verlassenheit und Angst. Ohne Liebe verkümmert unser Leben. Seelisch, geistig, körperlich.

L – i – eben

Wie das kleine i unser Wort »Leben« verändert, erweitert und heller macht, so will gleichsam die Liebe unser Leben »ausweiten«, zur Ent-faltung, zur Ent-wicklung, zur Reife bringen.

Wenn ich die Frage »was heißt lieben« möglichst kurz beantworten sollte, würde ich sagen:

Lieben heißt, dem anderen helfen bei der Entfaltung seines Lebens.

Lieben heißt, dem anderen helfen bei der Entwicklung seiner Persönlichkeit.

Aber auf diesem Weg zur Entfaltung der Persönlichkeit gibt es natürlich viele Schritte und Stufen, so wie auf die Frage »was heißt lieben« auch unzählige Einzelantworten möglich sind. Wir wollen einige wichtige zunächst im Zusammenhang sehen und dann im einzelnen betrachten:

Lieben heißt

- zuwenden,
- gut sein,
- stark machen,
- ermutigen,
- annehmen,
- ernst nehmen,
- glauben,
- Freiheit lassen,
- Verantwortung übernehmen,
- das Leben lebenswert machen.

So viele Punkte es auch sein mögen – und viele weitere könnte man hier anfügen: Am Schluß werden wir sehen, daß lieben ganz einfach ist!
Um lieben zu können, muß ich weder studiert haben noch viel Geld besitzen; weder über große Fähigkeiten verfügen noch zahlreiche Geschenke verteilen oder gar »Anwendungen« oder »Techniken« kennen.

Nur einfach lieben.

Lieben heißt zuwenden

Liebe ist eine Sache des Herzens. Und wahre Liebe verbreitet innere Wärme und Geborgenheit. Diese aber kann ich einem anderen nur vermitteln, wenn ich ihm auch wirklich *mein Herz* öffne. Weder mit großen Geschenken noch mit noch so viel Geld kann ich mich von den Pflichten meiner Liebe gegenüber Kindern, Eltern oder meinem Ehepartner loskaufen.

Mein Herz einem anderen zuwenden heißt
- Zeit für ihn haben,
- für ihn da sein,
- ihm zuhören,
- seine Nöte und Probleme, aber auch seine Freuden und seine Erfolge kennen lernen.

Lieben heißt gut sein

Einem anderen Menschen kann ich zur Entfaltung seiner Persönlichkeit natürlich nur dann helfen, wenn ich ihm gut bin.

So selbstverständlich dies klingt: Im Alltag verstoßen wir oft gegen diese einfache Regel.

Denn einmal verstehen wir unter »gut sein« oft nur, andere zu verwöhnen, oder ihnen alle Schwierigkeiten aus dem Weg zu räumen. Wie aber sollen Kinder – oder auch ein Ehepartner – dann lernen, lebenstüchtig und selbständig zu werden?

Zu meinem »Gut-sein« kann also manchmal auch »Streng-sein« gehören. Denn lieben heißt im besonderen, »jemandem Gutes *tun*« (Thomas von Aquin). Das aber kann oft auch bedeuten:

Nicht jeden Wunsch erfüllen.

Nicht alle Probleme beseitigen.

Prüfstein muß immer sein, was den anderen *selbständiger* und *lebenstüchtiger* macht.

Lieben heißt stark machen

»Laben« heißt, dem anderen Nahrung geben, Stärkung schenken. Aber nicht nur für seinen Körper. »Der Mensch lebt nicht vom Brot allein« (Matthäus 4,4). Auch seinen Geist und seine Seele »stark machen«.

Sagen wir nicht so viel »*ich* habe dich lieb«. Zeigen wir lieber, wie sehr wir uns über den anderen freuen. Stärken wir seine Seele: »Es ist schön, daß es dich gibt!«
Schenken wir ihm auch einmal ein geistliches Buch. Oder laden wir ihn zu einem Vortrag ein.
Und vergessen wir nie, unseren Mitmenschen öfters Anerkennung und Lob auszusprechen.

Lieben heißt ermutigen

Wie wichtig Lob und Anerkennung für jeden Menschen sind, erfahren wir immer wieder an uns selbst. Wie oft sind wir freudig oder traurig gestimmt, weil wir eine Anerkennung oder eine Kritik erfahren haben. Warum vergessen wir dies immer wieder gegenüber unseren Mitmenschen?

Mit Lob und Anerkennung stärke ich meine Mitmenschen weitaus mehr, als mit Geld und anderen Hilfen. Mit Lob und Anerkennung komme ich viel, viel weiter, als mit Kritik und Ungeduld: Lob und Anerkennung wecken das Gute im Menschen, stärken sein Selbstwertgefühl und schenken Ansporn und Lebensfreude.

Wir haben immer zwei Möglichkeiten: Mit Kritik und Nörgelei den anderen das Leben zu verdrießen und sie in Abwehrstellung gegen uns aufzubringen.

Oder: Mit Lob und Anerkennung den anderen ermutigen und dabei seine guten Seiten zu stärken und zu fördern.

Lieben heißt annehmen

Auf der ganzen Welt gibt es keine Ideal-Frau und keinen Ideal-Mann, auch wenn uns manche Medien solche Bilder vorgaukeln wollen. Ein jeder Mensch hat seine Schwächen und Fehler, Ecken und Kanten. Auch ich selbst! Aber jeder hat auch seine guten Eigenschaften.

Der große Jugenderzieher Don Bosco traf einmal einen Jungen, der nicht lesen, nicht schreiben, nicht rechnen und nicht beten konnte. »Kannst du denn pfeifen?« fragte er ihn. Da strahlte das Gesicht des Buben und Don Bosco hatte sein Herz gewonnen.

Es ist eine Eigenart des Bösen in uns, daß uns die negativen Seiten anderer stets stärker auffallen als die guten Seiten. Lieben aber heißt: den anderen so annehmen, wie er ist. Auch ich will doch nicht ständig kritisiert werden.
Durch meine Liebe will ich dem anderen ja zur Entfaltung seiner Persönlichkeit verhelfen. Also auch zum Überwinden seiner Schwächen und Fehler! Dies kann ich aber nur erreichen, indem ich Ja zu ihm sage.
Indem ich ihn annehme und liebe, wie er ist.

Lieben heißt ernst nehmen

Menschen, die nicht ernst genommen werden, verlieren den Glauben an sich selbst. Durch leichtfertige Lieb-losigkeiten zeigen wir einem anderen, daß uns seine Meinung oder sein Tun nur wenig bedeuten. Dadurch aber fördern wir nicht dessen Persönlichkeit, sondern behindern seine Entwicklung.

Unsere Mitmenschen machen sich doch auch Gedanken über ihr Tun und Lassen. Warum respektieren wir so wenig ihre eigenen Entscheidungen? Auch meine Meinung ist ja immer nur subjektiv. Sie muß deshalb nicht die einzig richtige sein!

Lieben heißt glauben

»Das Erste in der Liebe ist der Sinn füreinander und das Höchste der Glaube aneinander«, schrieb der bekannte Schriftsteller August Wilhelm von Schlegel (1767–1845).

Lieben heißt, an den anderen glauben. Auch dann, wenn sein Verhalten nicht meinen Vorstellungen entspricht oder manche seiner Handlungen mich enttäuschen.

Gott selbst »glaubt« an jeden Menschen! Schließlich hat er auch jedem ein Herz und einen Verstand, Fähigkeiten und Sehnsüchte geschenkt.

Wie vorschnell urteilen wir oft, wenn wir anderen den guten Willen absprechen. Kein Mensch will von sich aus etwas absichtlich falsch machen. Und jeder trägt in sich Gaben und Möglichkeiten, die er noch ausbauen kann.
Mit unserem Glauben an den anderen stärken wir seine Entwicklung, seinen Mut und seine Zuversicht.

Lieben heißt Freiheit lassen

Gott hat uns alle Freiheit geschenkt, damit wir uns eigenständig entwickeln können. Nur unseren Mitmenschen – insbesondere jenen, die wir lieben –, räumen wir so wenig Freiheit ein. Wir wollen den anderen für uns allein haben.

»Weil ich dich liebe, kannst du dich bitte auch nach meinen Vorstellungen verhalten« – klingt so nicht ein oft vorhandenes Denkschema?

Der andere soll aber kein zweites Ich von mir werden. Er soll zu einer eigenen Persönlichkeit heranreifen und nicht die meine kopieren.

Auch wenn es uns oft nicht paßt, weil uns manche Eigenart unserer Nächsten nicht gefällt: Es gehört zu den großen Wundern der Schöpfung, daß Gott stets verschiedene Wege offen läßt, auf denen der Mensch ein Ziel erreichen kann. Natürlich können eine Ehe oder eine geistliche Lebensgemeinschaft nicht auf gemeinsame Absprachen verzichten. Aber dort, wo es in Einzelbereichen möglich ist, sollte jeder Partner seine eigene Freiheit haben. Jeder Mensch braucht Freiräume. »Eingesperrt« sucht er bald eigene Wege. Was ich zu fest an mich binden will, was ich nicht los-lassen kann, verliere ich schneller als ich denke.

Ohne Freiheit verkümmert das Wesen des Menschen und seine Liebe.

Lieben heißt Verantwortung übernehmen

Erinnern wir uns an den Grundgedanken der Liebe: dem anderen zur Entfaltung seiner Persönlichkeit verhelfen. Der bekannte spanische Philosoph José Ortega y Gasset (1883–1955) meinte dazu: »Die Liebe ist vielleicht der höchste Versuch, den die Natur macht, um das Individuum *aus sich heraus* zu führen ...«

So sehr ich dem anderen Freiheit zur Entfaltung seines eigenen Wesens einräumen muß, so sehr soll ich ihm auch helfend zu Seite stehen.

Nicht mit ängstlichen Sorgen und auch nicht mit vielen guten Worten und Ratschlägen. Aber mit klaren Vorschlägen und Anregungen, über die er nachdenken und mit denen er eine Entscheidung leichter treffen kann.

Zu unserer Liebe und Fürsorge gehört auch immer das Gebet. Ich liebe Menschen nicht wirklich, wenn ich sie selbst nicht täglich vor Gott bringe und sie seinem besonderen Schutz anvertraue.
Er kann ja viel mehr für andere tun als ich.

Lieben heißt: das Leben lebenswert machen

Der große französische Philosoph Maurice Blondel (1861–1949) sah in der Liebe »vor allem das, was dem anderen Sein, Existenz, Persönlichkeit schenkt«.

Laben – loben – lieben: Leben unter-stützen, Leben fördern, Leben aufbauen, Leben zur Entfaltung bringen. Könnten wir es in einem schöneren Satz sagen, als: *Das Leben lebenswert machen*?

Den anderen bejahen, dem anderen Freude schenken, ihm zu einer neuen Lebens-Qualität verhelfen!

Robert Musil, einer der bedeutendsten Romanschriftsteller dieses Jahrhunderts (Der Mann ohne Eigenschaften, 1880–1942), beschrieb Liebe als »verschönerndes Leben«: »Etwas lieben und es verschönern ist ein und dasselbe.«

Durch unsere Liebe andere schöner, heller und froher machen, wie die Sonne unser Leben leuchtender und wärmer macht!

»Gottes Liebe ist wie die Sonne« haben wir schon voller Begeisterung gesungen. Könnte nicht auch unser Leben »zur Sonne werden« und so viel Ausstrahlung gewinnen, daß es in unserer Umgebung heller und schöner wird?

»Ich habe wie ein Tier auf der Straße gelebt, jetzt sterbe ich wie ein Engel«, sagte einmal ein von Maden zerfressener Mann zu Mutter Teresa. Hätten wir nicht auch den schönsten Sinn unseres Lebens erreicht, wenn andere Menschen in unserer Umgebung Geborgenheit und Wärme finden?

Was könnte ich Besseres tun, als anderen Menschen Freude schenken und Mut machen? Als sie *»ein bißchen glücklicher von mir weggehen zu lassen, als sie gekommen waren?«* (Mutter Teresa).

DER DREIKLANG DER LIEBE

Der Mensch braucht Liebe

Gott selbst hat die Sehnsucht nach Liebe und Geborgenheit in unser Herz gelegt. Damit wir aber nicht einfach darauf warten, bis uns von irgendwoher Liebe geschenkt wird, hat Gott uns als sein wichtigstes Gebot das der Liebe gegeben.
Erinnern wir uns, daß es aus drei Teilen besteht: Gott lieben – und den Nächsten – wie dich selbst (Matthäus 23,37–40).

Wenn ich mein Herz gegenüber Menschen oder gar gegenüber Gott verschließe – oder wenn ich mich persönlich »nicht leiden« kann –, dann lebe ich nicht in der wahren Liebe. Dort bleibt auch meine Sehnsucht nach Liebe im tiefsten unerfüllt.

Wo zum Beispiel zwei Menschen nur sich allein lieben – auch wenn ihre Liebesbeteuerungen noch so groß erscheinen –, besteht leicht die Gefahr, daß ihre Liebe in Egoismus umschlägt. Oft wird aus einer solchen Verbindung dann nur noch ein Tauschgeschäft: Ich gebe dir Sicherheit und Ansehen. Du schenkst mir dafür Schönheit, Sex und gutes Essen. ...

Liebe kann ich nicht eingrenzen

Unsere tiefste Sehnsucht nach Liebe kann niemals von einem oder einigen Menschen allein gestillt werden. Fern von Gott wird auf Dauer kein Mensch glücklich.

Gott selbst ist ja die Quelle aller Liebe. Und wenn ich Gottes Liebe nicht beantworte, wenn ich Gott nicht in mein Herz einlasse, sperre ich mich selbst gegenüber der Urquelle der Liebe.

Erst die Liebe zu Gott macht mich fähig zu echter, selbstloser Nächstenliebe.
Woher will ich denn die Geduld und die Kraft nehmen, die vielen Eigenarten meiner Mitmenschen ertragen zu können?

Zur Liebe gehört Selbstliebe

Aber auch ohne Selbstliebe kann ich andere Menschen nicht annehmen. Erst wenn ich an mir erfahre, wieviel liebende Nachsicht ich für mich selbst benötige, kann ich auch andere besser verstehen.

Leider hat eine einseitige Askeselehre der vergangenen Jahrhunderte in der Selbstliebe nur die Gefahren der Übertreibung gesehen. So hat man diese nie gefördert, aber ständig auf das Fehlverhalten und Bekämpfen der eigenen Fehler hingewiesen.
Doch hier lag ein großes Mißverständnis: Welcher Mensch kann sich denn selbst von seinen Schwächen befreien? Gegen einen »Stachel im Fleisch« (2 Korinther 12,7) richten auch die strengsten Übungen und größten Verzichte nichts aus.

»Meine Gnade genügt dir«

Diese großartige Zusage Gottes an Paulus (2 Korinther 12,9) gilt doch auch für unser geistliches Leben: Wenn ich die Liebe Gottes in mein Leben einlasse, wird mein Herz viel besser, schöner und leichter geändert, als durch noch so große spartanische Bemühungen.

In dem Bändchen »Die erste Liebe« von Gertrud Ressèguier schreibt ein ungenannter Priester: »Charaktermängel, Versagen, Verwundungen waren und sind in meinem Leben so zahlreich, daß ich zu nichts anderem käme, würde ich ständig darauf achten. Ich habe eines Tages mit Jesus ausgemacht, daß ich mich seiner

Anliegen annehmen will und er sich dafür meiner Anliegen annehmen möge. Das war der beste Tausch meines Lebens.«

Der beste Tausch: Meine Fehler Jesus übergeben und dafür mich ganz auf Jesu Weisung einlassen: »Ich gebe euch nur dieses eine Gebot: Ihr sollt einander lieben« (Johannes 15,17).

Der Dreiklang

»Gottesliebe – Menschenliebe – Selbstliebe« gehören untrennbar zusammen. Wo einer dieser drei Bezüge gestört ist, sind auch die anderen beiden nicht in Ordnung!

Ohne eine persönliche Beziehung zu Gott kann zum Beispiel meine Gesundheit für mich zum allerhöchsten Gut, zum Götzen, werden. Und jedes kleinste Zeichen von Schmerz oder Krankheit löst dann unvorstellbare Ängste in mir aus.

Ohne Selbstliebe aber falle ich ins andere Extrem, achte ich nicht auf mich selbst und treibe Raubbau mit meinem Körper. Erst die Liebe zu Gott zeigt mir das rechte Maß und macht mich aufmerksam auf mich und meine Mitmenschen.

Glück und Zufriedenheit erreicht der Mensch nur dort, wo er sich um die Harmonie des großen Dreiklangs der Liebe bemüht: Meinen Schöpfer lieben – und meine Mitmenschen – wie mich selbst.

DIE GNADE DER GOTTESLIEBE

Bei Gott finden wir Weisung

Sicher lautet das erste und wichtigste Gebot: »Liebe den Herrn, deinen Gott, von ganzem Herzen, mit ganzem Willen und mit deinem ganzen Verstand« (Matthäus 22,37).
Das kann jedoch nicht heißen, daß ich für Gott große Leistungen erbringen soll. Gott braucht den Menschen nicht.
Der Mensch braucht Gott. Denn nicht aus uns, sondern nur bei Gott finden wir Weisung und Hilfe, Ruhe und Geborgenheit. Und deshalb sollen wir mit ganzem Herzen Gott zugewandt sein, mit unserem ganzen Willen und unserem ganzen Verstand danach trachten, stets auf den Willen Gottes zu achten: Damit wir auf Gott hin unser Leben ausrichten und dadurch Kraft und Frieden erfahren.

Gott ist wie ein Vater

Gott ist wie ein Vater, der sich um uns Menschen sorgt und nichts anderes will, als daß es uns gut geht – das war die neue, die frohe Botschaft Jesu an die Menschheit.

»Gott ist die Liebe«, verkündete uns der Verfasser des 1. Johannesbriefes (4,8.16).
Und ein Paulus war voller Verheißungen für jene Menschen, die Gott lieben würden: »*Was keiner jemals gesehen oder gehört hat, was keiner jemals für möglich gehalten hat*, das hält Gott für die bereit, die ihn lieben« (1 Korinther 2,9).

Gott lieben ist kein Zwang und kein Müssen. Gott lieben dürfen ist für jeden Menschen eine große Gnade. Gott öffnet sich unserer

Liebe und nimmt Wohnung in unserem Herzen: »Wer mich liebt, den wird auch mein Vater lieben, und wir werden kommen und bei ihm wohnen« (Johannes 14,23).

Gott beantwortet unsere Liebe zu ihm mit seiner Gnade und *seiner Gegenwart in uns*.

Wenn ich Gott liebe

Wenn ich mein Herz Gott öffne und durch meine Liebe ihm nahe bin, dann ist auch er in mir lebendig! Wenn ich Gott liebe, ist er mir nahe mit all seiner Gnade! Mit seiner Kraft und seinem Beistand:

»Du gibst mir neue Kraft ...«

»Durch dich bin ich stark ...«

»Du hältst mich mit deiner mächtigen Hand ...«

»Mit meinem Gott überspringe ich Mauern ...«

Das waren die großen Erfahrungen der Israeliten (Psalm 23,3; 18,2; 18,36; 18,30)!

Gottes Liebe umgibt mich

»Wenn einer dich liebt, Herr, dann erweist du ihm Liebe; für vollen Gehorsam gibst du volle Güte« (Psalm 18,26).
»Gott lebt, ich will ihn preisen« – »Gottes Liebe und Güte umgeben mich«, das hatten die Frauen und Männer des Altertums erfahren (Psalm 18,47; 23,6)!

Gottes Liebe und Güte *umgeben mich*: Spüren wir ein wenig, wie schwankend unser Glaube an Gott und wie klein unsere Liebe zu ihm noch ist? Denn wenn wir ihn wirklich »von ganzem Herzen, mit ganzem Willen und ganzem Verstand« lieben würden, dann könnten wir diesen Verheißungen seines Nahe-seins und seiner Hilfe auch besser vertrauen!

Alles zum Guten

Eine weitere große Verheißung hat uns Paulus geschenkt: »Denen, die Gott lieben, gereicht *alles* zum Guten« (Römer 8,28).

Alles gereicht mir zum Guten, wenn ich Gott mein Herz öffne. Auch ein Mißgeschick im Alltag, auch eine Krankheit, die alle meine Pläne durchkreuzt, auch eine schwere Behinderung, die mir eine radikale Umstellung meines Lebens abverlangt:
Alles, auch das jetzt noch nicht Vorstellbare, wird zum Guten verwandelt, gereicht mir zum Segen, wenn ich mit Gott verbunden bin!

Wie aber können wir lernen, Gott besser zu lieben? Wie ihm auch wirklich glauben, daß er *alles* in unserem Leben zum Guten führen wird, wenn wir ihn lieben?

Gott lieben

Kann ich Gott mit großen Leistungen lieben oder mit vielen Geschenken? Was könnte den Schöpfer des Alls denn beeindrukken oder was könnte Gott vielleicht noch fehlen, mit dem ich ihm eine Freude bereiten oder eine Hilfe anbieten könnte?
Spüren wir ein wenig, wie »menschlich« gedacht oft unsere »Liebes-erweise« sind, wenn wir glauben, Gott mit zahlreichen Gebeten oder großen Opfern beeindrucken oder gar lieben zu wollen?

Gebete und Verzichte sind wichtig. Aber für uns, für unsere Weiterentwicklung – nicht für Gott!

Wie Gott sich unsere Liebe vorstellt, hat er uns oft genug gesagt. Aber bevor wir uns näher damit befassen, wollen wir einen ganz einfachen Weg bedenken. Einen Weg, der so schlicht und so großartig ist, wie Gott selbst in seinem ganzen Wesen herrlich und wunderbar ist.

Wir sind Gottes Kinder

Das ist wohl eine unserer schönsten Erfahrungen: Wir sind von Gott aus Liebe gewollt. Wir sind von Anfang an von Gott geliebt. Und »seine Liebe ist so groß, daß er uns seine Kinder nennt. Und wir sind es wirklich!« (1 Johannes 3,1).
Der Verfasser des Johannesbriefes versieht diesen Satz mit einem deutlichen Ausrufezeichen: Wir sind *wirklich* Gottes Kinder!

Auch Paulus bestätigt uns, »daß wir wirklich Gottes Kinder sind« und »am befreiten Leben der Kinder Gottes teilhaben« (Römer 8,16.21).

Wie sehr könnte auch unser Leben »mit Herrlichkeit beschenkt« werden, wie Gott es »seinen Kindern versprochen hat« (Römer 8,17), wenn wir dies endlich einmal glauben und uns Tag für Tag neu bewußt machen würden:

Ich bin ein Kind Gottes. Ich darf Gottes Kind sein.

Ich darf Kind sein

Es liegt nur an meinem Vertrauen: »Denen, die ihn aufnahmen und ihm Vertrauen schenkten, gab er das Recht, Kinder Gottes zu werden« (Johannes 1,12).

Wie zu jeder Liebe Vertrauen gehört, so kann ich auch Gott in Wahrheit nicht lieben, wenn ich ihm nicht wirklich glaube, daß er mein mich liebender Vater und Jesus Christus sein Sohn ist: »Ihr seid also Kinder Gottes, weil ihr durch das Vertrauen mit Jesus Christus verbunden seid« (Galater 3,26).

Wenn ich aber in Wirklichkeit Gottes Kind bin, dann darf und soll ich ihn auch lieben, *wie ein Kind seinen Vater liebt*! »Wie ein Kind in Gottes Armen«, sagte Therese von Lisieux.

Wie liebt ein Kind?

Wenn unsere Vater-Kind-Beziehung zu Gott nicht richtig intakt ist, dann liegt es einmal an unserem mangelnden Vertrauen. Zum anderen an schlechten Väter-Bildern, die wir hier auf der Erde erfahren. Wir können für Gott aber auch an das Bild einer liebenden Mutter denken.

Kein Kind, dessen Mutter ihm wirklich Liebe und Wärme schenkt, wird jemals sagen oder denken, daß es »jetzt noch zur Mutter gehen *muß*«. Wo ich Zuneigung und Zärtlichkeit erfahre, dort möchte ich auch oft und *gerne* sein.

Ohne Angst

Kinder lieben ohne Angst. Unbeschwert lassen sie sich in die Höhe werfen und fallen lachend in die Arme ihres Vaters zurück.

»Noch einmal«, rufen sie, weil es so schön für sie ist, von ihrem Vater aufgefangen zu werden.

Ohne Angst gehen sie an seiner Hand auch die unbekanntesten Wege. Der Vater ist ja bei ihnen. Und ihr Vater ist sowieso der Beste und der Tüchtigste von allen.

Der Vater hilft immer

Deswegen kommen sie auch gerne zu ihrem Vater, wenn sie nicht weiter wissen und einen Rat brauchen: »Mein Vater kann mir immer helfen.«
Wie aber verhalten wir uns? Wie oft haben wir schon gesagt oder gedacht, daß »mir ja doch keiner helfen kann«. Spüren wir ein wenig, wie schlimm solches Denken sein kann und welche böse Sünde darin enthalten ist?
Wenn ich an Gottes Macht nicht glaube und seinen Beistand in Zweifel ziehe, helfen mir alle Gebete und anderen »Liebesbezeugungen« nichts!
Gott will von seinen Kindern in Anspruch genommen werden!

»Mit Segen überschütten« (3 Mose 26,3) und seine ganze »Liebe und Güte erweisen« (5 Mose 7,13) möchte Gott jenen, die zu ihm kommen und auf ihn hören.
Nur die aber, die auf ihn hören und seinen Weisungen folgen, lieben Gott wirklich (Johannes 14,21.23)!

Wahre Gottesliebe

Gott lieben heißt zuerst und vor allem, Gott glauben, daß
- er wirklich voller Liebe und Güte zu mir ist,
- ich tatsächlich sein Kind sein darf und wie jedes Kind bei einer liebevollen Mutter mich geborgen und umsorgt weiß,
- er mich wahrhaft jeden Tag mit Segen überschütten und mit Gnade und Liebe begleiten will,
- daß fürwahr alles mir zum Guten gereichen wird, wenn ich in Liebe und Vertrauen ihm zugewandt bin,
- daß es keine bessere Hilfe und keine einfacheren Wege gibt als die seiner Weisung.

Gott lieben heißt praktisch zuerst und vor allem *immer mehr eins werden* mit den Vorstellungen, den Weisungen und dem Wesen meines mich liebenden Gottes.

Gott ernst nehmen

Gott lieben heißt in Wirklichkeit, Gott ernst nehmen und seinen vielen Zusagen endlich mehr Glauben schenken:
»Niemals werde ich dir meine Hilfe entziehen, nie dich im Stich lassen« (Josua 1,5).

Gott lieben heißt, auf Gottes Weisungen achten und seiner Vaterliebe mehr vertrauen als meinen geringen menschlichen Erfahrungen:
»Wenn ihr auf den Herrn, euren Gott, hört wird euch die ganze Fülle seines Segens zuteil werden ... Das Glück wird euch begleiten, wenn ihr auszieht und wenn ihr heimkehrt« (5 Mose 28,1).

Gott lieben heißt, auch den Verheißungen Jesu Christi, seines Sohnes, zu glauben:
»Ich versichere euch: Jeder, der mir vertraut, wird auch die Taten vollbringen, die ich tue. Ja, seine Taten werden die meinen noch übertreffen, denn ich gehe zum Vater« (Johannes 14,12).
Gott lieben heißt, auch auf das Wirken seines Geistes in der Welt zu bauen:
»Der Geist Gottes wird bei euch bleiben und in euch leben ... Er wird euch in die ganze Wahrheit einführen ... und euch den Weg in die Zukunft zeigen« (Johannes 14,17; 16,13).

Ohne Vorbehalt

Gott lieben heißt ohne Vorbehalt, ohne Einschränkung und ohne Angst
– ja sagen zu meinem Kindsein,
– ja sagen zu seiner Vaterliebe,
– ja sagen zu seinen Weisungen,
– ja sagen zu seiner Schöpfung,
– ja sagen zu seiner Vorsehung:
»Warum macht ihr euch Sorgen um das, was ihr anziehen sollt?

Seht, wie die Blumen auf den Feldern wachsen! Sie arbeiten nicht und machen sich keine Kleider; doch ich sage euch: nicht einmal Salomo bei all seinem Reichtum war so prächtig gekleidet wie irgendeine von ihnen. Wenn Gott sogar die Feldblumen so ausstattet, die heute blühen und morgen verbrannt werden, wird er sich dann nicht erst recht um euch kümmern? Habt doch mehr Vertrauen!
Macht euch also keine Sorgen! Fragt nicht: ›Was sollen wir essen?‹ ›Was sollen wir trinken?‹ ›Was sollen wir anziehen?‹ Damit plagen sich Menschen, die Gott nicht kennen. *Euer Vater im Himmel weiß*, was ihr braucht« (Matthäus 6, 28-32).

Euer Vater weiß, was ihr braucht

Gott weiß, was wir brauchen. Wir selbst aber sollten uns endlich einmal bewußt werden, um was wir uns Sorgen machen sollen, damit Gott auch uns beschenken kann:

»Sorgt euch nur darum, daß ihr euch seiner Herrschaft unterstellt, dann wird er euch mit all dem anderen versorgen. Sei ohne Angst, du kleine Herde! *Euer Vater will euch seine neue Welt schenken!*« (Lukas 12,32f).

Mit dem Vertrauen eines Kindes

»Gib dir Mühe, das Herz eines Kindes zu haben, und Augen eines Kindes, und alles wird dir leichtfallen« (Carlo Carretto).
Mit dem Herz eines Kindes mich meinem Vater zuwenden und mit den Augen eines Kindes auf seine Worte achten, ist die größte und schönste Zuneigung, die wir Gott schenken können.

Mit unserem kindlichen Vertrauen erweisen wir Gott weitaus mehr Liebe, als wir sie ihm jemals durch noch so viele und noch so gut gemeinte Pflichtübungen zeigen könnten.

Gott lieben heißt: Lieben wie ein Kind. Vertrauen wie ein Kind. Mit *allen* unseren Sorgen und Anliegen zu Gott gehen und uns von ihm helfen und von ihm den Weg zeigen lassen.

Gott lieben heißt nichts anderes, als immer mehr eins werden mit meinem Vater.

Mich von Gott lieben lassen

Gott lieben heißt vor allem: Mich von Gott lieben lassen! Darin besteht doch das Unheil in der Welt und das Unheil in meinem eigenen Leben: Wir entziehen uns immer wieder der Nähe Gottes.

Wir verzichten auf seine Hilfe.

Wir verschmähen seine Liebe.

»Die Liebe Gottes nicht erkennen, nicht an sie glauben, auf sie verzichten, sich ihrem Angebot verschließen – das ist *der einzige und wahre Schmerz*, den das Geschöpf seinem Schöpfer, das Kind seinem Vater zufügen kann. Denn dadurch wird Gott gehindert, sich uns mitzuteilen und sein Leben uns zu verschenken, das heißt, uns zu lieben, wie diese unendliche Liebe es möchte« (Bischof Ernst Gutting).

Gott lieben heißt, zuallererst mich von Gott lieben lassen.

Wie handelte Therese von Lisieux, als sie wieder einmal ihre Schwachheit zu spüren bekam und in Sünde gefallen war? »Jetzt muß ich mich aber von Jesus sehr verwöhnen lassen ...«

Immer wieder neu mich Gott zuwenden. Meine Freuden und meinen Kummer mit ihm teilen. Meine Ängste und Probleme an ihn abgeben. Meine Fehler von ihm vergeben lassen.

Gott lieben heißt vor allem, mich immer mehr von der Sonne seiner Liebe bestrahlen lassen.

Immer weniger etwas allein tun wollen. Und immer mehr Gott in mir am Werk sein lassen.

Gott, der die Liebe ist.

Gott, von dessen Liebe allein Heilung und Heil ausgehen.

DER SEGEN DER NÄCHSTENLIEBE

Erfüllung und Glück

In der Erfüllung seiner Wünsche findet der Mensch niemals Zufriedenheit und Glück. Denn kaum haben wir einen Wunsch erreicht, melden sich neue Wünsche an.

Erinnern Sie sich an ein früheres Kapitel: Allein die Liebe schenkt dem Menschen Wert und Sinn für sein Leben. Allein durch die Liebe erfahren wir Be-fried-igung und Er-füll-ung.

Die Liebe unterscheidet uns von den Tieren. Nur durch die Liebe wächst unser Menschsein.

»Wir sind auf Erden, um zu lieben und geliebt zu werden.« Und nur in der Erfüllung dieses Auftrags vollendet sich unser menschliches Leben: »Wir alle sind nur insoweit Menschen geworden, als wir Menschen lieben« (Boris Pasternak).

Lieben aber heißt, dem anderen zur Entfaltung seiner Persönlichkeit verhelfen, dem anderen das Leben lebenswert machen.

»Selbstverwirklichung«

Das große Mißverständnis unserer Zeit liegt doch in der falschen Deutung unseres Lebens-Sinnes. »Selbstverwirklichung«, Befreiung von falschen Abhängigkeiten, heißt das große Schlagwort der letzten Jahre. Manche Frauen wie Männer überschreiten dabei ihre Grenzen. Ohne Rücksicht auf ihre Mitmenschen verfolgen sie oft nur noch einen rein egoistischen Weg.

Kein Mensch kann »sich selbst«, also allein, ohne fremde Hilfe, »verwirklichen«. Jeder von uns ist tagtäglich angewiesen auf die Dienste anderer Menschen.

Wir alle brauchen das Entgegen-kommen unserer Mitmenschen.

Meine Mitmenschen aber benötigen auch mich.

Gottes Weisheit

Weil unsere Selbstsucht, unsere Bequemlichkeit und Trägheit jedoch oft unseren not-wendigen Hilfeleistungen entgegenstehen, hat Gott in seiner Weisheit dreifach vorgesorgt:

Er richtete unsere Herzen so ein, daß wir nur in der Liebe für andere Menschen den Sinn und den Wert unseres Lebens finden.

Er gab uns das Gesetz der Liebe als sein »wichtigstes« Gebot (Markus 12,31).

Und schließlich ließ er uns durch seinen eigenen Sohn vorleben, wie wir tatsächlich »groß« werden und die »Fülle des Lebens« finden können.

Jesu Beispiel

»Ich aber bin gekommen, damit sie das Leben haben und es in Fülle haben« (Johannes 10,10).

Dieses »Leben in Fülle« sollten wir erreichen, indem wir »reiche Frucht bringen« (Johannes 15,8) und »Salz« und »Licht« für die Welt sind (Matthäus 5,13f).

Am »größten« aber und »der Erste« unter allen würden wir sein,

wenn wir das machen würden, was heute viele nicht mehr tun wollen:
»Wer unter euch der Größte sein will, der soll dem anderen dienen. Und wer unter euch der Erste sein will, soll sich allen unterordnen« (Matthäus 20,26f).

Und Jesus gibt gleich ein eigenes Beispiel. Er hat seinen Jüngern die Füße gewaschen, was damals nur Diener und Sklaven taten:
»Der Menschensohn ist nicht gekommen, sich bedienen zu lassen, sondern um zu dienen« (Matthäus 20,28).

Dienen?

Ist das nicht eine überholte, altmodische Sache? Möglichst wenig arbeiten und gleichzeitig so viel Geld wie möglich verdienen, lautet doch heute die Parole. Wie »glücklich« und »zufrieden« die Menschen dabei sind, können wir überall sehen:
Noch nie gab es so viele Ängste und Sorgen, Gesundheits- und Freizeit-Probleme wie heute!

»Dienen« mag vom Wort her seinen Klang verloren haben. Aber letztlich ist jedes Helfen doch nichts anderes als ein Dienst für Menschen, ein Zeichen unserer Liebe!

Jesus hat uns die große Bedeutung des Dienens vorgelebt. Nur ich will heute nicht mehr seinem Beispiel folgen und glaube, daß ein bequemes Leben mir besser tun würde als ein Dienst für meine Mitmenschen?

Die Freude des Dienstes

Gestern erhielt ich den Brief einer Lehrerin, die »alles aufgeben wollte«. Sie dachte: »Eigentlich könnte ich mich umbringen. Es ist ja doch alles sinnlos.« Da erhielt sie zwei Telefonanrufe von

Menschen, die ihre Hilfe benötigten. Und gleich schaute ihr Leben wieder anders aus: »Wenn ich anderen helfen darf, dann hat es ja doch noch Sinn, zu leben ...«

Wir alle haben schon ähnliche Beispiele erlebt, wie Menschen wieder froh wurden, weil wir ihnen eine Hilfe geben durften. Und wie wir selbst durch einen anderen wieder Auftrieb und Mut gefunden hatten.

Dabei ist jeder Dienst – ob privat, beruflich oder ehrenamtlich – meistens nicht leicht und oft mit persönlichen Einschränkungen und Entbehrungen verbunden.
Aber was macht uns zufriedener als eine gelungene Arbeit? Was macht uns glücklicher als der Gedanke: ich werde gebraucht, ich habe Gaben, mit denen ich anderen helfen darf?
Was macht uns seliger als das strahlende Gesicht eines Menschen, der durch unseren Beistand wieder Zuversicht und Hoffnung gefunden hat?

Meine Lebensfreude erreicht dort einen Höhepunkt, wo ich anderen spürbar zum Segen werden darf!

Der Prüfstein unserer Liebe

Die Echtheit unserer Liebe erweist sich nicht in vielen schönen Erklärungen. Wahre Liebe beginnt erst dort, wo ich bereit bin, einem anderen zu einem lebenswerten Leben zu verhelfen:
»Liebe ist dann da, wenn wir anderen dienen wollen« (Martin Luther).

»Liebe ist der Wunsch, etwas zu geben, nicht zu erhalten« (Bertolt Brecht).

Auch unsere Liebe zu Gott wird nicht durch viele Gebete, Lieder oder große Bibelkenntnisse bezeugt:

»Wenn jemand sagt: Ich liebe Gott, aber seinen Bruder haßt, ist er ein Lügner. Denn wer seinen Bruder nicht liebt, den er sieht, kann Gott nicht lieben, den er nicht sieht. Und dieses Gebot haben wir von ihm: Wer Gott liebt, soll auch seinen Bruder lieben« (1 Johannes 4,20f).

Die Tiefe unserer Liebe zu Gott und unsere Hingabe an Jesus Christus zeigt sich allein in unserer Aufmerksamkeit und Zuneigung gegenüber unseren Mitmenschen!

»Lieben wir Gott, so lieben wir in ihm den Nächsten. Und lieben wir den Nächsten, so lieben wir Gott in ihm« (Francesco de Osuna, geistlicher Lehrmeister von Teresa von Avila und Johannes vom Kreuz).

Wo Jesus unnachsichtig sein konnte

Jesus hat in seinem Verhalten den Menschen gegenüber immer viel Verständnis und Wohlwollen gezeigt:
Der Frau am Brunnen, die »schon fünfmal verheiratet war und jetzt mit einem Mann zusammenlebte, der gar nicht ihr Mann war« (Johannes 4,18), machte er ebenso wenig Vorwürfe wie der Ehebrecherin, die die Gesetzeslehrer und Pharisäer zu ihm geschleppt hatten, weil sie »beim Ehebruch ertappt worden war« (Johannes 8,3).

»Mit Sündern und Zöllnern setzte er sich an einen Tisch« (Markus 2,16), und für Petrus, der ihn dreimal vor einer einfachen Magd verriet, hatte er genauso einen liebevollen Blick wie für Judas, der ihn an die Tempelpriester ausgeliefert hatte.

Zweimal aber wird Jesus scharf und unnachsichtig. Das eine Mal, als er den Schriftgelehrten und Pharisäern wegen ihrer Eingebildetheit und Herzenskälte mehrmals sein »Wehe euch« entgegenschleudert und sie als »Nattern und Schlangenbrut« bezeichnet, die »dem Strafgericht der Hölle nicht entrinnen werden« (Matthäus 23,13–33). Das andere Mal in seinen alles durchdringenden Worten vom Weltgericht (Matthäus 25,31-45).

An Jesus versäumt

»Wenn der Menschensohn in seiner Herrlichkeit kommt, begleitet von allen Engeln, dann wird er sich auf den königlichen Thron setzen. Alle Völker der Erde werden vor ihm versammelt werden, und er wird die Menschen in zwei Gruppen teilen, so wie ein Hirt die Schafe von den Ziegen trennt ...
Dann wird er zu denen auf der linken Seite sagen: ›Geht mir aus den Augen, Gott hat euch verflucht! Fort mit euch in das ewige Feuer, das für den Satan und seine Helfer vorbereitet ist!
Denn ich war hungrig, aber ihr habt mir nichts zu essen gegeben; ich war durstig, aber ihr habt mir nichts zu trinken gegeben; ich war fremd, aber ihr habt mich nicht aufgenommen; ich war nackt, aber ihr habt mir keine Kleider gegeben; ich war krank und im Gefängnis, aber ihr habt euch nicht um mich gekümmert.‹

Dann werden sie ihn fragen: ›Herr, wann sahen wir dich jemals hungrig und durstig, wann kamst du als Fremder, wann warst du nackt oder krank oder im Gefängnis – und wir hätten uns nicht um dich gekümmert?‹
Aber er wird ihnen antworten: ›Ich will es euch sagen: Was ihr an einem von meinen geringsten Brüdern zu tun versäumt habt, das habt ihr an mir versäumt‹« (Matthäus 25,31–33.41–45).

Kluge Reden – große Übungen?

Mit vielen klugen Diskussionen über Gott und mit großen Frömmigkeitsübungen versuchen »fromme« Menschen oft, ihren Weg zu Gott zu finden. Carlo Carretto sieht das anders:
»Während ich darüber nachdenke und du nach dem besten Ver-

fahren forschst, Gott zu entdecken, Gott zu sehen, geht Mutter Teresa auf die Straße und sieht einen Sterbenden, dem niemand beisteht. Sie klügelt nicht über Gott, macht keine Fünfjahrespläne, entwirft keine Theorien über den Menschen. Sie hebt den Sterbenden auf ...
Und was tat Martin Luther King? Er schaute um sich, er liebte leidenschaftlich seine wegen ihrer Hautfarbe verachteten Brüder und bot seine Brust einer Ladung von Kugeln an. Die Welt wurde inne, daß Gott im Opfer dieses Lebens gegenwärtig war ...
Was tat Roger Schutz? Er ließ seinen Blick über seinen kleinen Mönchskonvent hinausschweifen und sah viele Jugendliche, die nach Kommunikation, Glauben, Hoffnung suchen. Er liebte sie, und sie verstanden, und wir sahen die denkwürdigen Ereignisse von Taize.«

Liebe ist kein Gelispel

Nun müssen wir weder gleich nach Kalkutta ziehen wie Mutter Teresa, noch unser Leben hingeben wie Martin Luther King. Aber auch für uns »gibt es keinen größeren Gottesdienst als die christliche Liebe, die den Bedürftigen hilft und ihnen dient« (Martin Luther).

»Gott offenbart sich dort, wo jemand ist, der das Leben achtet, das Licht will, die Liebe sucht ... Gott ist mitten in deiner Liebestat ...
Der Glaube ist ein Tun, nicht eine Diskussionsreihe. Die Liebe ist ein Ereignis, nicht ein andächtiges Gelispel ...«, fuhr Carlo Carretto bei dem oben zitierten Text fort.

Jesus selbst hat sich mit den Schwachen und Notleidenden identifiziert: Was wir an ihnen versäumen, versäumen wir an unserem Herrn!

Doch wie oft handeln wir im Alltag danach?

Bleibt in meiner Liebe

»Bleibt in meiner Liebe. Wer in mir bleibt und ich in ihm, der bringt viele Frucht« (Johannes 15,9.5).

Bleibt in meiner Liebe: Ein freundlicher Blick, ein aufmunterndes Wort und endlich Schluß machen mit allem Verurteilen und Kritisieren ...

Bleibt in meiner Liebe: Mich nicht ständig gehetzt fühlen von meinen vielen ego-bezogenen Sorgen und Problemen. Mehr Zeit haben für andere, besser zuhören lernen ...

Bleibt in meiner Liebe: Weder selbstsüchtig verschlossen noch traumwandelnd schlafend, sondern mit wachen Augen und einem offenen Herzen durch das Leben gehen ...

Bleibt in meiner Liebe: Die mir geschenkten Gaben entdecken, ausbauen, vervollkommnen und mit ihnen meinen Schwestern und Brüdern zum Segen werden ...

»Unsere dienende Liebe ist die höchste Form der Kontemplation – das immerwährende Gebet ... Die Liebe, die in allen Dingen dient, ist das durchformende Gebet jener, die nicht viel Zeit zum Beten haben« (Ignatius von Loyola).

»Gott wird mehr verherrlicht in der Ausübung seines Willens als durch alle anderen Übungen« (Vinzenz von Paul).
Sein Wille aber, sein »wichtigstes Gebot« neben der Gottesliebe: »Liebe deinen Nächsten – wie dich selbst.«

Wer sind meine Nächsten?

»Es gibt niemand im Menschengeschlecht, dem man nicht Liebe schuldig wäre« (Augustinus).

»Die Liebe, die von Gott stammt, ist universal, sie richtet sich an alle Menschen« (Chiara Lubich).
Aber es gibt auch eine Ordnung in der Liebe. Wer sich besonders auf den Dienst für fremde Menschen konzentriert, sollte sich immer wieder prüfen, wie seine Beziehungen zu seinen Allernächsten beschaffen sind:
Mein Ehepartner, meine Kinder und Eltern, meine Nachbarn und meine Gemeinde – das sind zuallererst meine Nächsten, für die ich besonders verantwortlich bin!
Ich darf niemals glauben, daß ich schon groß in der Nächstenliebe sei, wenn ich die Liebe zu meinen Allernächsten vernachlässige!
So wichtig die Hilfe für andere Völker ist. Wenn ich nur in der »Übernächsten«-Liebe aktiv bin, aber die einfachsten Dienste in meinem allernächsten Bereich versäume, lebe ich nicht in der Liebe!

»Der wichtigste Mensch ist der, der dir *jetzt* gegenübertritt. Die wichtigste Stunde im Leben ist die gegenwärtige. Und die wichtigste Tat ist die Tat der Liebe, die du *jetzt* tun kannst. Morgen könnte es zu spät sein« (Meister Ekkehart).

Im Vertrauen auf Gott

muß ich mich nicht ängstlich sorgen, ob ich auch nicht zu wenig für die Dritte Welt oder zu viel nur für meine Familie oder meine Lebensgemeinschaft tue:
Wo ich ehrlich bemüht bin, aus der Liebe und in der Liebe zu leben, wird Gott mir im Schauen und Hören auf ihn immer wieder zärtliche Hinweise geben, wenn ich mich vielleicht um die eine Seite zu viel und um die andere zu wenig kümmere.

Das gilt auch für den wichtigen Raum der Selbstliebe. Gerade in den Bereichen der Nächsten- und der Selbstliebe besteht ja immer die Gefahr, daß wir den einen oder den anderen Wert überbetonen oder vernachlässigen.

WIE DICH SELBST

Einseitigkeiten

Überall in der Welt können wir feststellen, daß der Mensch aus der Mitte herausfällt und zu einseitigen Übertreibungen neigt, wenn er sein Leben nicht nach Gottes Weisungen ausrichtet. Dies gilt besonders auch im Bereich der Liebe.

Wir alle kennen Frauen und Männer, die nur sich in den Mittelpunkt stellen. Ihre Gedanken kreisen nur um ihre eigene Person. Um ihre Gesundheit, um ihren Besitz, um die neueste Mode, das beste Auto und den ausgefallensten Urlaub.

Und wir kennen andere – vielleicht gehören wir selbst dazu –, die wollen nur das Beste für ihre Mitmenschen. Sie legen das Gebot der Liebe einseitig als Gebot der Nächstenliebe aus und übersehen dabei, daß es aus drei Teilen besteht: Gott lieben – und den Nächsten – *wie dich selbst*.

In beiden Fällen setzen wir uns über Gottes Gebot hinweg. Auch dort, wo wir glauben, auf uns selbst keine Rücksicht nehmen zu sollen oder gar nehmen zu dürfen.

Wenn ich Raubbau an meiner Gesundheit betreibe, weil ich mich »für meine Mitmenschen verzehre« oder »für das Reich Gottes aufopfern« möchte, schädige ich ein Geschöpf Gottes.
Und je früher ich krank werde, je eher werde ich unfähig, weiterhin wirken zu können.

Wenn ich ohne Rücksicht auf mich und meine Gesundheit lebe, diene ich weder Gott noch den Mitmenschen, sondern sabotiere nur meine Leistungsfähigkeit.

Selbstsucht oder Selbstliebe

Gott will das Heil jedes Menschen. Und Gott liebt jeden auf der Erde und möchte, daß auch von mir *jeder* Mensch geliebt wird: Die Liebe schließt niemand aus. Auch nicht mich selbst!
Das große Mißverständnis liegt doch darin, daß wir Selbstliebe mit Selbstsucht verwechseln. Selbstliebe aber ist grundsätzlich etwas anderes als Selbstsucht!
Wahre Liebe – auch die reine Selbstliebe – ist grundsätzlich uneigennützig! Sie sucht nicht den eigenen Vorteil wie die Selbstsucht. Sie ist vielmehr stets darauf aus, dem geliebten Menschen zu helfen, zu dienen, zur Entfaltung seiner Persönlichkeit zu verhelfen.

So will Gott in seiner Liebe auch mir beistehen, und es ist sein Wille, daß ich selbst zu mir gut bin! Wo ich mich nicht annehme, lehne ich Gottes Liebe ab!
Wenn ich mich selbst nicht liebe, bin ich undankbar gegenüber Gott, der mich mit vielen Gaben ausgestattet hat. Ich muß sie nur entdecken und entwickeln.
Wenn ich mich selbst nicht liebe, will ich besser als Gott wissen, wie er mich hätte erschaffen sollen!

Selbstliebe kommt zuerst

Das Gebot der Liebe zeigt sehr deutlich, was wir auch im Alltag erfahren können: Die Selbstliebe geht der Nächstenliebe voraus!

Den anderen lieben »wie dich selbst« heißt doch, daß ich mich zunächst selbst lieben muß, um daran dann meinen Maßstab anzulegen: So, wie ich mich selbst liebe, nicht mehr, aber auch nicht weniger, soll ich auch meine Mitmenschen lieben!

Menschen, die sich selbst nicht leiden können, besitzen auch keine echte Liebesfähigkeit gegenüber Dritten!

Bestandteil unserer Gesundheit

Wir brauchen das Ja zu uns wie das tägliche Brot! Wenn ich mich nicht annehme, bin ich unzufrieden, freudlos, verdrossen ...

Wenn ich mich nicht liebe, beeinflusse ich mich negativ. Zerstöre ich die Harmonie in mir, schade ich meiner Gesundheit. Lesen Sie einmal, was ein sachlicher Wissenschaftler, der Immunologe Professor G. Uhlenbruck, dazu sagt:

»Ein glücklicher Mensch hat auch ein gesundes Immunsystem. Für Glück aber ist Liebe die Voraussetzung ... Zur gesundmachenden Liebe zählt besonders die Eigenliebe. Der Mensch muß sich zuallererst selbst lieben, um gesund zu sein. Das ist das Ergebnis meiner jahrelangen Forschungen und Erfahrungen.«

Falsch verstandene Askese

Das aus dem griechischen stammende Wort Askese hat natürlich die Bedeutung von »Übung«, »Entsagung«, »Selbstzucht«. Daraus aber haben wir nur den negativen Teil herausgelesen: »Ich darf etwas nicht tun«, »ich muß auf manches/vieles verzichten ...«

In Wirklichkeit hat diese falsch verstandene Askese nur negative Auswirkungen. Josef Pieper hat es einmal sehr deutlich aufgezeigt:

»Alle Zucht blickt hin auf die Person des Wirkenden selbst. Diese Ausrichtung aber ist, natürlicherweise, stets in Gefahr, ihre Selbstlosigkeit zu verlieren und sich in eine krampfhafte Wichtigtuerei zu verkehren und aus den asketischen ›Erfolgen‹ die Rente einer soliden Selbstbewunderung zu ziehen. Eitelkeit, Sich-selbst-wichtig-Nehmen, ungeduldige Überhebung über die ›Unvollkommenen‹ – das sind die spezifischen Gefährdungen des Asketen.«

Wahre Askese ist Selbstliebe

Die Übungen und Entsagungen der Askese zielen stets auf mich selbst ab: Wenn ich faste oder Süßigkeiten und andere Genußgifte nicht mehr – oder nur noch in geringen Mengen – zu mir nehme, dann dient dies alles doch meiner Gesundheit!

Aus Liebe zu meinem Körper und zu meiner Leistungsfähigkeit nehme ich Entbehrungen auf mich:

Wenn ich faste, entschlacke ich meinen Körper von schädlichen Stoffwechselprodukten.

Wenn ich auf Alkohol verzichte, entgifte ich meine Leber.

Wenn ich das Rauchen unterlasse, schone ich meine Lunge und meine Bronchien.

Wenn ich mir unnötiges Reden versage und mich in die Stille zurückziehe, beruhige ich meine Nerven und gewinne neue Kraft für die Anforderungen meines Alltags.

Wenn ich mich bemühe, meine Gedanken und Wünsche besser in Zucht zu nehmen, können sich mein Geist und meine Seele leichter entfalten.

Wahre Askese ist niemals ein mir aufgezwungener Verzicht, sondern *immer eine Tat, die mir gut tut*!

Jede vernünftige Askese ist ein wichtiger Beitrag zu meiner körperlichen und seelischen Gesundung!

Jedes Los-Lassen von un-nötigem Ballast vermittelt mir mehr Freiheit und dadurch mehr Heiterkeit des Herzens!

Der Unterschied

Selbstsucht: Ich kreise nur um mich. Ich bin der Wichtigste auf der Welt. Ich muß alles für mich haben.

Mich interessiert nur, was ich will und mir möglich ist. Darauf richte ich alles aus: Meine Gedanken und Sorgen, meine Zeiteinteilung und alle meine Kräfte gelten nur dem einen Ziel: meinem persönlichen Vorteil.

Der bekannte Dramatiker und Romanschriftsteller Elias Canetti sagt zu diesem um das eigene Ich kreisenden Zustand:
»Man kann einem Menschen nichts Böseres tun, als sich ausschließlich mit ihm zu beschäftigen.«

Dagegen die Selbstliebe: Ich freue mich über mein Da-Sein. Es ist mir bewußt, daß ich zwar manche Fehler und Schwächen habe, aber doch auch eine Reihe von Begabungen.

Meine Gesundheit, meine Fähigkeiten und meine Weiterbildung sind mir sehr wichtig, weil ich Gottes Auftrag ernst nehme, »anderen zum Segen« und immer mehr »heil« zu werden.

Ob es mir im Moment aber »gut« oder »schlecht« geht: Ich weiß mich von Gott geliebt und fühle mich dabei glücklich und zufrieden. Ich freue mich, daß ich durch mein Da-Sein anderen Mut machen und neue Kraft vermitteln darf.

Die Früchte

Der Selbstsüchtige hat kein Interesse an seiner Umwelt, da er ganz auf sich konzentriert ist. Er zeigt keinen Respekt gegenüber der Freiheit und der Würde des anderen. Er beurteilt alles nur nach der Nützlichkeit für sich selbst.

Selbstsucht macht überheblich, kennt keinen Mut zum Dienst und führt letztlich zu Unzufriedenheit und Depression. Denn jeder erfüllte Wunsch ruft sofort neue Wünsche hervor ...

Selbstliebe dagegen sucht niemals das Ihre. Sie ist stets auf den Auftrag Gottes hin ausgerichtet, »Salz« und »Licht« zu sein.

So kümmert sie sich um einen gesunden Körper und um eine Weiterentwicklung der eigenen Fähigkeiten, damit ich immer besser gerüstet bin für meinen Dienst in der Welt.

Die Selbstliebe Jesu

Jesus, der ja »gekommen war, um zu dienen und nicht, um sich bedienen zu lassen«, hat uns mehrmals ein Beispiel für Selbstliebe gegeben.
So ließ er es niemals zu, daß er ganz von Kräften kam. Als Jesus einmal müde wurde, setzte er sich an einen Brunnen, ließ seine Jünger allein in das nächste Dorf weiter ziehen und ruhte sich aus (Johannes 4,6).

Jeder Erschöpfung von den anstrengenden Predigten und den vielen Begegnungen und Heilungen wirkte er entgegen, indem er sich immer wieder in die Stille zurückzog. Die Evangelien kennen dafür eine ganze Reihe von Hinweisen (Matthäus 14,13; 14,23; Lukas 4,42; 6,12; 21,37; Johannes 6,15).

Jesus hat seine Gesundheit niemals ruiniert, auch wenn der Ansturm der Menschen und ihre Sehnsucht nach Heilung noch so groß war. Das Lukas-Evangelium berichtet einmal ausdrücklich davon: »Die Nachricht von Jesus verbreitete sich jetzt erst recht. Scharenweise kamen die Menschen, um ihn zu hören und sich von ihren Krankheiten heilen zu lassen. Aber Jesus zog sich zurück und hielt sich in einsamen Gegenden auf, um zu beten« (Lukas 5,15f).

Von einem Pharisäer ließ Jesus sich zu einem Festmahl einladen, von einer Frau mit Öl salben, von Marta und Maria verwöhnen ... (Lukas 7,36ff; 10,38ff).

Bei der Hochzeit von Kana verwandelte er Wasser in Wein ... (Johannes 2,6ff).

Jesus liebte die Gaben Gottes und das Leben – auch sein eigenes!

Prüfstein der Eigenliebe

Uns Menschen fehlt eine so sichere Souveränität, wie sie Jesus eigen war. Wir laufen leicht Gefahr, im guten Glauben an die notwendige Selbstliebe schnell der Bequemlichkeit und der Eigensucht zu erliegen.
Lassen Sie mich versuchen, hier einige Merkmale aufzuzeigen, wie wir dieser Gefährdung entgegenwirken können.

Ich selbst habe mir als wichtige Prüfungsaufgabe die nach der Notwendig-keit angewöhnt.

Habe ich jetzt selbst Ruhe und Erholung nötig oder dient eine Absage nur meiner eigenen Bequemlichkeit?

Nimmt ein anderer mich in Anspruch, weil er wirklich in Not ist, oder weil es für ihn bequem ist, nicht selbst handeln und entscheiden zu müssen ...

Wie wir im Einzelfall auch wählen: Wichtig sollte nur sein, daß wir unsere Entscheidungen stets aus der Liebe heraus treffen und aus der Liebe heraus begründen.

Aus Liebe zu unseren Mitmenschen.

Aber auch aus Liebe zu uns selbst.

Richtig oder falsch?

Wir fragen so oft, was ist »richtig«, was ist »falsch«, weil wir gerne »alles richtig« machen möchten. Und weil wir lieber einfache Vorschriften für uns in Anspruch nehmen, als selbst eine nicht leichte Entscheidung zu treffen.

Psychologen sagen uns dazu, daß es »richtig« oder »falsch« eigentlich nur im Bereich der Naturwissenschaften gibt (zum Beispiel in der Mathematik), aber kaum bei zwischenmenschlichen Beziehungen.

Was für den einen »richtig« sein kann – zum Beispiel heute Überstunden für andere zu machen –, kann für den anderen »falsch« sein, weil für ihn Ruhe und Entspannung notwendiger sind . . .

Vom Willen Gottes, der unser Heil will, und vom »Dreiklang der Liebe« ausgehend, bin ich zu einer Unterscheidungshilfe gekommen, die in vielen Fällen eine brauchbare Hilfe gibt.

Was dient zum Heil?

Was dient dem Heil der Schöpfung?

Was dient dem Heil meiner Mitmenschen?

Was dient meinem eigenen Heil?

Eigentlich müßte an erster Stelle – vom Dreiklang der Liebe ausgehend – »Heil Gottes« stehen. Weil aber der Mensch für das Heil Gottes nichts beitragen kann, beginnen wir gleich mit seiner Schöpfung.

Die Beantwortung dieser drei Fragen gibt uns in vielen Fällen eine

Entscheidungshilfe. So weit es im Einzelfall noch Schwierigkeiten gibt, ob ich mich im Moment mehr um das Heil meiner Mitmenschen oder um mein eigenes kümmern soll:

Gott wird es mir zeigen, wenn ich einmal die eine oder andere Seite zu oft überbetone.

Im übrigen sollte ich gerade bei dem manchmal auftretenden Zwiespalt zwischen Nächstenliebe und Selbstliebe meine persönlichen Neigungen besser berücksichtigen. Gehöre ich zu den Menschen, die leicht zur Bequemlichkeit und zur eigenen Pflege neigen, sollte ich im Zweifelsfall mich öfters für Taten der Nächstenliebe entscheiden.

Werde ich jedoch zu denen gezählt, die bei Aktionen der Nächstenliebe immer ganz vorne dabei sind, dürfte ich in unklaren Situationen meiner eigenen Person wieder einmal eine Ruhepause gönnen.

Aus Liebe zu meinen Mitmenschen

Aus Liebe zu meinen Mitmenschen sollte mir meine Gesundheit nicht gleichgültig und die Pflege meines Körpers ein echtes Anliegen sein.

Aus Liebe zu meinen Mitmenschen sollte ich für mich öfter Zeiten der Stille und der Sammlung in Anspruch nehmen, weil ich dann in schwierigen Situationen gelassener bleibe und ruhiger reagieren kann.

Aus Liebe zu meinen Mitmenschen – und nicht aus Selbstsucht – handle ich dort, wo ich meine Kraft und meine Fähigkeiten unterstütze. Aus solchem Handeln, das ich vordergründig »aus Liebe zu mir selbst« unternehme, wird letztlich ein Handeln aus Liebe.

Aus Liebe zu mir

Vor allem aber sollten wir uns bewußt machen, daß uns jede Einschränkung leichter fällt, die wir »aus Liebe zu uns« auf uns nehmen und nicht, weil wir etwas tun oder unterlassen »müssen«.

»Muß« ich zum Beispiel auf Nikotin verzichten oder nehme ich freiwillig eine Entbehrung auf mich »aus Liebe zu mir« – oder auch »aus Liebe zu meiner Familie«?

Versuchen wir einmal, viele unserer Handlungen so zu sehen und auch unsere Kinder anzuleiten, nicht alles als ein »Müssen« zu betrachten, sondern lieber etwas freudig »aus Liebe zu mir« zu tun!

Wenn ich »aus Liebe zu mir« oder »aus Liebe zu meiner Familie/ Lebensgemeinschaft« etwas unternehme, verrichte ich auch solche Tätigkeiten leicht und gerne, die mir vorher noch unangenehm und widerwärtig erschienen sind.

In mir Gott lieben

Wie ich im anderen Menschen Gott finden und Jesus dienen kann, so darf ich Gott und seinen Sohn – und seinen Heiligen Geist – auch in mir entdecken und in mir ehren und lieben:

»Wir alle sind doch der Tempel des lebendigen Gottes«, schrieb Paulus im 2. Korintherbrief 6,16. Und schon vorher nannte er unseren »Körper den Tempel des Heiligen Geistes« (1 Korinther 6,19).

Das rechte Maß zu unserer Selbstliebe werden wir immer dort finden, wo wir uns Gott in seinem »Tempel«, Gott in uns, zuwenden.

Und vergessen wir dabei nie, was Paulus zweimal sehr deutlich geschrieben hat:
»Alle Gebote sind in dem einen Satz zusammengefaßt: ›Liebe deinen Mitmenschen wie dich selbst‹« (Römer 13,9).

»Das ganze Gesetz ist erfüllt, wenn dieses eine Gebot befolgt wird: ›Liebe deine Mitmenschen wie dich selbst‹« (Galater 5,14).

AUS DER LIEBE LEBEN

Die Mächte in unserem Leben

Wir haben die Macht und das Geheimnis der Liebe kennengelernt: Sie allein verändert unser Leben. Sie ist die Urkraft allen Wollens und führt uns zur Entfaltung unserer Persönlichkeit. Sie ist »das Maß, mit dem unsere christliche Vollkommenheit gemessen wird« (Johannes Paul II.) und der Auftrag unseres Herrn Jesus Christus: »Ich gebe euch nur ein einziges Gebot: Liebt einander, so wie ich euch geliebt habe« (Johannes 13,34).

Wir kennen aber auch andere Mächte in unserem Alltag: Apathie, Trägheit, Verzagtheit, Ängste, Depressionen ... Von welchen Kräften lassen wir uns beeinflussen? Welche Gedanken beherrschen unser Leben?

Der schon zitierte Arzt und Psychotherapeut Gerald Jampolsky erfuhr an sich selbst, wie auch bei vielen seiner Seminarteilnehmer, daß es letztlich im Leben auf die Entscheidung zwischen Angst und Liebe ankommt: »Wenn ein Mensch damit beschäftigt ist, einem anderen zu helfen, erlebt er keine Angst.«
Und einen vorher nie gewohnten Seelenfrieden erfuhr er durch die Erkenntnis, daß »sein Zweck hier auf Erden nur darin bestand, Gott (= die Liebe) zu erfahren und seinen Frieden zu verbreiten. Mit anderen Worten: nur Liebe weiterzugeben.«

Gottes Kraft

Wo ich in der Liebe wachse, wo ich immer mehr aus der Liebe lebe – und nicht aus meinen eigenen Wünschen und Vorstellungen heraus – dort erfahre ich Gottes Hilfe und Gottes Kraft:

»Wenn wir einander lieben, lebt Gott in uns« (1 Johannes 4,12)!

Welch eine Verheißung!

Der heilige, heil-machende, all-mächtige Gott *lebt* in mir, wenn ich mich der Liebe öffne. *Gott wird wirksam in mir mit all seiner Kraft, mit all seiner Gnade, mit all seiner Weisheit und Liebe!*

»Ubi caritas, ibi Deus est« – »wo die Liebe ist, dort ist Gott« bestätigen wir in einem Choral von Taizé diese große Verheißung des Johannesbriefes.

Aus der Liebe heraus fließen mir die lebendig-machenden und heil-wirkenden Kräfte Gottes zu. Die Liebe macht den Weg frei für Gottes Gegenwart in meinem Alltag:
»Jedesmal, wenn du liebst, kommt Gott aus deinem Handeln ans Licht« (Carlo Carretto).

Ein lebenslanger Prozeß

Um diese Liebe aber, die uns Gott spürbar erfahren läßt, müssen wir uns ein Leben lang mühen. Sie ist uns zwar als Geschenk in unser Herz gelegt. Gleichzeitig aber ist das Einüben in die Liebe ein lebenslanger Prozeß.
Dabei gehören göttliches Wirken und menschliches Mitwirken untrennbar zusammen: *»Durch Gottes Gnade* bin ich, was ich bin, und sein gnädiges Handeln an mir ist nicht ohne Wirkung geblieben. Mehr als alle anderen *habe ich mich abgemüht* – nicht ich allein, sondern die Gnade Gottes *zusammen mit mir«* (1 Korinther 15,10).

Gemeinsam mit der Gnade Gottes sich mühen. Das war die große Lebensidee des Paulus, die aus dem eifernden Thora-Schüler von Jerusalem den großen Völkerapostel machte. Die Gnade Gottes aber wird in uns wirksam, sobald wir versuchen, aus der Liebe heraus unser Leben zu gestalten.

Einen Anfang machen

Manche geistlichen Lehrer vom Mittelalter bis zur Neuzeit haben versucht, viele Lebensregeln aufzustellen. Das hat sicher einige gute Gründe. Aber »höher als irgendwelche Regeln steht die Liebe« (Vinzenz von Paul).

Lieben lerne ich dort, wo ich einfach anfange zu lieben.

Lieben lerne ich, wo ich die Welt, die Schöpfung, meine Mitmenschen und mich selbst mit anderen Augen als bisher betrachte:

mit den Augen der Liebe.

Lieben lerne ich im schlichten Bemühen, alle meine Gedanken und alle meine Handlungen nur noch von der Liebe leiten zu lassen:

»Auf die Liebe muß alles ausgerichtet sein. Sie ist die große Herrin, und was sie uns gebietet, haben wir zu tun« (Vinzenz von Paul).

Die Liebe zeigt mir den Weg

»Lieben lerne ich durch lieben« (Chiara Lubich). Wo ich mich der Liebe öffne, macht sie mich aufmerksam, wenn ich durch einen negativen Gedanken oder eine ungute Handlung wieder aus der Liebe herausfalle.

Die Liebe selbst zeigt mir durch viele zärtliche Hinweise in meinem Herzen, wie ich sie immer besser in mir wachsen und reifen lassen kann.

Die Kraft der Geduld

In unserer Zeit scheint alles machbar geworden zu sein. Alles wird noch größer, noch höher, noch schneller ... Ein Buch der Rekorde gehört zu den am meisten verkauften Büchern und ein Bundeskanzler gerät als »Aussitzer« in Verruf, wenn er notwendige Entwicklungen zunächst einmal reifen und wachsen läßt, anstatt überstürzt und dadurch falsch zu handeln.
Auch wir sind von der Ungeduld der Macher angesteckt. Alles muß noch heute, sofort, gleich, ganz plötzlich in Erfüllung gehen. Kein Wunder, daß eine Eigenschaft wie die Geduld dabei ins Abseits geraten ist. Zeit ist Geld und Abwarten bringt nur Verluste ...

Die Bibel aber lehrt uns eine andere Wertigkeit: *»Wenn ihr gelassen abwartet und mir vertraut, dann erringt ihr den Sieg«,* läßt uns Gott durch Jesaja sagen (Jesaja 30,15).

Und Paulus führt die Geduld in seinem Hohelied der Liebe an erster Stelle an. Sie ist für ihn die wichtigste Eigenschaft der Liebe: »Die Liebe ist geduldig und gütig« (1 Korinther 13,4).

Die Geduld Gottes

Wir müssen nur Gott – die Liebe – selbst betrachten: Wieviel Geduld hat Gott mit seiner Schöpfung. Alles, was reift, wächst langsam, in der Stille, ohne Getöse ...

Wieviel Geduld hat Gott mit uns Menschen: Welche Torheiten hat die Menschheit schon begangen! Denken wir nur an die vielen furchtbaren Kriege, an die Ausrottung von Pflanzen und Tieren und an den Mord unzähliger geborener und ungeborener Kinder. Wieviel Lieblosigkeiten haben selbst die Führer der christlichen Kirchen in den vergangenen Jahrhunderten schon verschuldet – und begehen sie auch heute noch ...

Und wieviel Geduld hat Gott mit mir selbst! Wieviel Zeit läßt er meiner Entwicklung, wieviel Nachsicht übt er gegenüber meinen Schwächen und meinen vielen nicht eingehaltenen Versprechungen ...
Doch Gott kann warten. Nie setzt er mich unter Druck. »Streß«, »Hektik«, »Hetze« und »Eile« sind menschliche Begriffe. Sie entsprechen niemals dem Willen unseres Schöpfers.
Geduld und Güte sind die wichtigsten Eigenschaften Gottes, die wichtigsten Eigenschaften der Liebe! *Wer in der Liebe wachsen will, muß immer und zuerst sich in Geduld üben.*

Der größte Mut

Dabei ist Geduld aber keine rein passive Eigenschaft, als die sie oft hingestellt wird. »Geduld ist der größte Mut«, hat schon Augustinus uns überliefert.
Dementsprechend kennen wir im Deutschen für Geduld auch ein zweites Wort: Langmut. »Die Liebe ist langmütig«, lautet eine andere Übersetzung des oben zitierten Pauluswortes.

Die Liebe hat einen langen Mut, einen Mut zum Aushalten und Ertragen der Schwächen meiner Mitmenschen. Sie glaubt an die guten Eigenschaften meines Ehepartners, meiner Kinder, meiner Mitarbeiter. Sie kann dadurch auch einen »langen Mut« haben zum Warten auf deren Entwicklung und Entfaltung.
Muß ich an mir nicht auch immer wieder erfahren, daß ich Rückschläge erleide, in alte Fehlhaltungen zurückfalle und noch viel Geduld mit mir nötig habe?
Geduld ist die große Kraft in unserem Herzen, die allein uns den Sieg gewinnen läßt! Den Sieg über unsere Krankheiten. (Unser Wort Patient kommt von dem lateinischen Wort patientia. Das aber heißt Geduld!) Den Sieg über unsere Untugenden. Den Sieg über unsere Ängste:
»Wenn ihr gelassen abwartet und mir vertraut, dann erringt ihr den Sieg!«

Ein Dienst der Liebe

Sich in Geduld und Güte einüben, heißt aber nicht, alle Widerlichkeiten des Lebens einfach ertragen oder »schlucken« zu müssen. Jeder Psychotherapeut weiß, daß nicht ausgesprochene negative Gefühle zu Depressionen oder Explosionen führen können. Der christliche Psychologe Dr. Timothy Foster schreibt dazu in seinem Buch »Depression«:
Das einzige Gegenmittel für solche plötzlichen Gefühlsausbrüche ist »nur das regelmäßige Zulassen und Ausdrücken von Gefühlen. Dies ist jedoch etwas, was die meisten Christen als besonders ungeistlich empfinden«.

Wenn mein Ehepartner mir mit bestimmten Verhaltensweisen »auf die Nerven geht«, warum sollte ich es ihm nicht sagen? Und wenn gar ein Ehepartner den anderen schikaniert, vielleicht süchtig ist, warum sollte der andere dagegen nicht Widerstand leisten?

Auch Zurechtweisen kann ein Dienst der Liebe sein! Wie soll ein anderer eine schlechte Angewohnheit abstellen können, wenn ihn keiner darauf aufmerksam macht? Lassen Sie mich versuchen, für solche Situationen einige Hilfen zu geben.

Zuerst mit Gott sprechen

Zuerst mit Gott: Wir sollten nie aus einer Erregung heraus sprechen, sondern wichtige Anliegen immer zuerst im Gebet vor Gott tragen!

Bin ich beteiligt? In diesem Sprechen mit Gott prüfe ich auch, inwieweit ich selbst am Fehlverhalten des anderen beteiligt bin. Viele Menschen suchen zum Beispiel Trost im Alkohol, weil sie von ihrem Partner nicht verstanden werden ...

Suchen wir die guten Seiten: Vergessen wir dabei nicht, mit Gott über die guten Seiten des anderen zu sprechen. So hatte sich eine Frau bei mir einmal beklagt, daß ihr Mann jeden Abend vor dem Fernseher sitze ... Daß er dadurch auch eine besondere Häuslichkeit und Anhänglichkeit zeigte, hatte sie übersehen. Als ich sie fragte, ob es ihr lieber sei, wenn ihr Mann öfters ausgehe, abends nicht heimkomme, dem Alkohol verfalle oder Trost bei anderen Frauen suche, da war ihr Problem schon wesentlich kleiner geworden.

In Liebe sagen

Wie würde ich reagieren, wenn ich nur Vorwürfe hörte? Mit Lob und Anerkennung kann ich stets mehr erreichen, als mit Tadel und Ablehnung.
Aber wir sollten auch immer bei der Wahrheit bleiben. Wenn mir zum Beispiel ein Kleidungsstück meines Ehepartners nicht gefällt, sollte ich ihm nicht sagen, wie gut es ihm angeblich stehe. Er wird es dann noch öfters tragen.

Auch bei notwendigen Klarstellungen sollten wir versuchen, in der Liebe zu bleiben und zunächst stets etwas Positives zu sagen, bevor wir unsere Korrekturwünsche vorbringen: »Du bemühst dich so sehr um unsere Kinder, aber du erschreckst Maria jedesmal, wenn du beim Abendessen von nichts anderem redest als von ihren schlechten Noten in Mathematik ...«

Die Wahrheit sagen. Wer dem anderen etwas vortäuscht, betrügt ihn und handelt damit lieblos.
Aber: die Wahrheit in Liebe sagen! Wir müssen uns nur fragen, wie Kritik auf uns selbst wirkt. Dann fällt es uns auch nicht schwer, Wünsche in Liebe vorzubringen:
»Behandelt die Menschen so, wie ihr selbst von ihnen behandelt werden wollt – das ist alles, was das Gesetz und die Propheten fordern« (Matthäus 7,12).

Die Liebe befiehlt nicht

Wie gehen Menschen oft miteinander um. Da wird kritisiert und gemäkelt, angeordnet und kommandiert.
Die Liebe befiehlt nie! Immer respektiert sie die Persönlichkeit und die Freiheit des anderen: »Keiner soll sich über den anderen erheben, sondern ihn mehr achten als sich selbst. Verfolgt nicht eure eigenen Interessen, sondern seht auf das, was dem anderen nützt« (Philipper 2,3f).

»Keiner liebt wirklich einen anderen, wenn er nicht eine gewisse Ehrfurcht gegen ihn fühlt« (John Henry Newman).

In dieser Ehrfurcht vor der Persönlichkeit des anderen wird ein Liebender nie etwas befehlen oder einseitig anordnen. Paulus hat im Brief an Philemon darauf hingewiesen, daß er zwar »unter Berufung auf Christus befehlen« könnte. *»Aber um der Liebe Raum zu geben, bitte ich dich nur«* (Philemon 8f).

Auf verschiedenen Wegen

Wer in der Liebe zu leben versucht, wird nicht so leicht zum Bösen verführt. Doch geraten wir dafür leicht in den anderen schlimmen Fehler, daß wir alles verbessern, alles und jeden »vollkommen« machen wollen.
Und anstatt auf uns selbst zu achten – »wir sind ja schon auf dem rechten Weg« –, schielen wir nach den anderen. Unser Ego versucht aufzupassen, ob auch unsere lieben Mitmenschen alles »richtig« machen, im »wahren Glauben« leben und nicht »gegen die Liebe verstoßen«. Daß wir dabei selbst uns immer wieder gegen die Liebe versündigen, merken wir oft nicht mehr.

Es gibt kein »richtig« oder »falsch« im geistlichen Leben: »Wir sind Pilger, die auf verschiedenen Wegen einem gemeinsamen Treffpunkt zuwandern« (Antoine de Saint-Exupéry).

Jeder auf seinem Weg, jeder nach seinen eigenen Überlegungen und Erfahrungen ...

Urteilt nicht

»Urteilt nicht, damit ihr nicht selbst verurteilt werdet« (Lukas 6,37)! Wie unachtsam gehen sogar gläubige Christen und aktive Pastoren mit dieser strengen Weisung Jesu um! Gedankenlos wird selbst »in besten Kreisen« über Abwesende hergefallen, werden andere kritisiert und verurteilt.
Und alles oft noch in dem Glauben, die Welt zum Guten hin verändern zu wollen. Natürlich muß immer der andere besser werden, der andere hat ja noch so viele Fehler, der andere bringt noch so viel Unfrieden in eine Gemeinschaft ...

Wo wir unfreundlich über andere reden, vergiften wir die Atmosphäre unserer Umgebung.
Wo wir andere kritisieren, tragen wir dazu bei, daß unsere Welt immer liebloser und freudloser wird.
Wo wir andere verurteilen, leisten wir einen Beitrag zur Hoffnungslosigkeit und Verzweiflung in der Welt!

Meine Gedanken

Alle Lieblosigkeiten dieser Welt beginnen stets in unseren Gedanken. Ich selbst kann in jedem Augenblick immer nur einen einzigen Gedanken zulassen, entweder einen guten oder einen negativen.
In diesen Gedanken entscheidet sich an jedem Tag neu, manchmal zu jeder Stunde, von welchem Geist mein Leben geleitet und bestimmt wird.

Wo ich meinem Denken freien Lauf lasse, wird mein Geist auch überall »hängen bleiben«: Am Ärger der letzten Woche, am unverständlichen Verhalten meines Arbeitskollegen heute vormittag, an meinen egoistischen Wünschen und Trieben ...

Ich kann aber auch meine Gedanken vom Aufwachen an der Kontrolle meines Willens unterstellen und sie auf ein heil-machendes Ziel lenken. Dabei muß ich mir keinen großen Zwang auferlegen, sondern meinem Leben nur eine bestimmte Ausrichtung geben.

Im Anschauen deines Bildes

Manche Menschen versuchen mit zahlreichen asketischen Übungen ihr Heil zu finden. Erlöste Menschen werden sie dadurch nicht: »Wer sich auf seine eigenen Fähigkeiten verläßt, wird den Tod ernten. Wer sich von Gottes Geist leiten läßt, wird unvergängliches Leben ernten« (Galater 6,8).

Um in der Liebe wachsen und immer besser aus der Liebe leben zu können, muß ich keine großen Kraftanstrengungen vollziehen, sondern ganz einfach mein Herz, meine Wünsche und mein Verlangen auf den ausrichten, der die Quelle aller Liebe ist.

Im Anschauen Gottes, im Verweilen in seiner Nähe, im immer neuen Besinnen auf seine Liebe erfährt mein Leben Heil:
»Im Anschauen deines Bildes, im Hören deiner Botschaft, im Lesen deines Wortes – werden wir verwandelt.«
Diese Strophen eines beliebten Liedes sagen doch in schlichter Art die so einfache, aber gleichzeitig großartige Weisheit jedes geistlichen Wachstums aus:
Mein Leben wird dort verwandelt und heil, wo ich es auf *den* ausrichte, der selbst der ganz Heile ist.
Mein Leben wird dort immer mehr von Liebe erfüllt, wo ich mich selbst immer mehr den Strahlen der Liebe aussetzte.

»Je mehr ich mit ihm vereint bin, desto inniger liebe ich alle meine

Schwestern«, schrieb Therese von Lisieux einmal, und Mutter Teresa machte in Kalkutta ähnliche Erfahrungen:
»Seit wir täglich eine Stunde Anbetung halten, haben wir nicht weniger Zeit, sondern mehr Zeit, aber auch mehr Kraft und mehr Liebe für unsere Kranken.«

Die Ausrichtung meines Lebens

Wo will ich denn Liebe und Heilung besser finden können als bei dem, von dem alle Liebe und alles Heil ausgehen?
Es gibt keinen einfacheren und schöneren Weg, als mich täglich von Gottes Liebe beschenken zu lassen. Und ich »muß« dazu nichts anderes tun, als mich immer wieder neu in seine Gegenwart zu versetzen:

Meine ersten Ge-dank-en beim Aufwachen, meine letzten Gedank-en am Abend: Ein Dank an ihn.

Bei jeder Gelegenheit kann ich mich Gott zuwenden und seine Liebe neu in mein Herz einlassen.

Nach jedem Versagen darf ich wieder in seine Liebe zurückkehren. Rückfälle erleide ich ja immer wieder einmal. Sie werden aber weniger und schwächer, je mehr ich mein Leben vom Aufwachen an bis zum Schlafengehen auf ihn ausrichte: In der Gegenwart seiner Liebe werde ich verwandelt.

Ein einziges, klares Ziel

»Ich gebe euch nur dieses eine Gebot«, hinterließ uns Jesus als sein Vermächtnis. Paulus drückte es ähnlich aus:
»Euer ganzes Leben soll von der Liebe bestimmt sein« (Epheser 5,2).
Unser *ganzes* Leben, nicht nur ein paar schöne Stunden.

Auch meinen Alltag, meine Arbeit, meine Freizeit, meine Wünsche und meine Sehnsüchte: Immer mehr erfüllt sein lassen
von der Liebe – und nicht von Eitelkeit und Rechthaberei,
von der Liebe – und nicht von Geltungsbedürfnis und Machtstreben,
von der Liebe – und nicht von meinem Egoismus.
Wenn mein Denken und Handeln immer mehr von der Liebe bestimmt wird, und wenn jeder Bereich meiner Seele, meines Geistes und meines Körpers immer mehr von der Liebe ausgefüllt wird, erfahre ich die Gnade und die Kraft Gottes spürbar in meinem Leben:
Wo ich vorher hektisch und jähzornig war, werde ich ruhiger und gelassener; wo ich früher oberflächlich und nur phlegmatisch reagiert habe, wird mein Denken und Tun jetzt aufmerksamer und hilfsbereiter.

Immer mehr von der Liebe erfüllt sein wollen: Von diesem einfachen und klaren Ziel wird meine ganze Persönlichkeit von Grund auf neu geschaffen.

Mein Leben wird heil, mein Leben gewinnt Ausstrahlung, mein Leben erfährt immer mehr die Gnade Gottes:

Liebe – nichts anderes.

LIEBE – UND TU, WAS DU WILLST

Die Antwort auf meine Fragen

Der Satz des großen Kirchenlehrers Augustinus »Liebe – und tu, was du willst« klingt für viele verblüffend, weil sie ihren Blick zunächst auf die zweite Hälfte wenden: Tu, was du willst. Und das erscheint ja nun wirklich sehr unglaublich.
Voraus aber geht die deutliche Aufforderung: Liebe! Und wer wirklich liebt, kann ja nichts »Falsches« mehr tun. Wer tatsächlich liebt, will ja nur noch gut sein, Gutes tun ...

Die Liebe kennt auch keine Probleme, wie sie viele Fragen der Welt aufwerfen:
»Alles in der Welt ist problematisch außer einem, der Liebe. Die Liebe allein ist kein Problem für den, der liebt« (Carlo Carretto).

In der Liebe finde ich die Antwort auf alle meine Fragen. Denn durch die Liebe bin ich angeschlossen an die stärkste Energie des ganzen Weltalls: Gottes Geist lebt und wirkt in mir.

Eine neue Einstellung

Ich bekomme durch die Liebe eine andere Sicht der Dinge, andere Prioritäten für meine Aufgaben. Und eine neue Einstellung zu meinem Leben, zu meinen Mitmenschen und zu Gott.

Wenn ich von Liebe erfüllt bin, kann ich gar nicht mehr verurteilen, streiten oder Haß empfinden und Zwietracht stiften.

Wenn ich einem anderen Liebe schenke, baue ich Berge von Ängsten, Frustrationen und Depressionen ab.

Wenn ich liebe, wird mein Leben immer mehr zum Gebet: »Wenn du liebst, dann betest du bereits, denn die Liebe trägt dich zur geliebten Person hin, und du kannst lieben, während du sprichst, weinst, denkst, läufst, schläfst, immer ... immer ... immer. Rund um die Uhr« (Carlo Carretto).

Wenn ich liebe, lebe ich im Willen Gottes, wird mein Leben zum Dienst für Gott, zum Gottes-dienst.

Die Welt verbessern?

Die Welt ist unvollkommen und wird in zweitausend Jahren noch unvollkommen sein. Erst in Gott und bei Gott werden wir alle, wie auch die Schöpfung, unsere Vollendung finden. Was kann ich an der Welt schon verbessern?

»Für Gott ist es wichtiger, daß wir in der Liebe bleiben, als daß wir die Welt verändern« (Therese von Lisieux).

Aber »das ganze Paradies finden wir dort, wo die Liebe Gottes ist ... Die Liebe Gottes gleicht einem tragbaren Paradies, das wir immer bei uns haben« (Francesco de Osuna).

Die Welt kann ich nicht verändern. Aber Freude, Wärme und Zuversicht kann ich ausstrahlen. Und dadurch meine Mitmenschen täglich neu die Geborgenheit und das Licht dieses »Paradieses der Liebe« erleben lassen.

Kämpfen oder lieben?

Im Widerstreit mit unseren Schwächen und Sünden wird uns oft der Kampf gegen das Böse empfohlen. Doch wie weit sind wir schon mit einem »Bekämpfen von Sünden« gekommen?
Wo ich Fehler und Unarten »bekämpfen« will, richte ich mein

Augenmerk und meine Kräfte auf diese aus – anstatt auf Gott und die Liebe.
Wie oft überfordern wir uns auch dabei und sind schnell wieder niedergeschlagen, wenn wir Rückschläge hinnehmen müssen.

»Eine gesunde Spiritualität überfordert nicht, sondern schenkt Befreiung ... Wo der Mensch zu sehr auf sich selbst schaut, reibt ihn ein falsches Vollkommenheitsideal auf. *Sein Schauen auf Gott wirkt befreiend*« (P. Anselm Grün OSB).

»Schauen auf Gott« aber heißt schauen auf die Liebe, leben in der Liebe.

Der befreiende Weg

Der Weg der Liebe stellt keine großen Anforderungen oder gar Vollkommenheitserwartungen an mich. Therese von Lisieux hat erfahren, daß »selbst die Heiligmäßigsten erst im Himmel vollkommen sein werden«.

Der befreiende Weg der Liebe schaut nicht auf Sünden und Schwächen. »Allein die Liebe« ist ihm wichtig!
Im Bemühen um ein tägliches Wachsen in der Liebe – und nicht im Bekämpfen von Sünden und Fehlern – sucht der Liebende seinen Weg.

»Nicht das Gesetz rettet, sondern die Liebe. So läßt sich die ethische Predigt Jesu zusammenfassen« (Professor Leonardo Boff, südamerikanischer Befreiungstheologe).

Wir sollten nicht so sehr unsere Fehler bespiegeln und dafür lieber öfters auf die Liebe schauen. Solange wir Gedanken der Liebe in uns einströmen lassen, können wir doch gar nicht sündigen! Wer kann wirklich noch Gott oder Mitmenschen beleidigen, wenn sein Herz voll Liebe ist?

Unsere größte Schuld

Nicht unsere einzelnen Sünden sind unsere größte Schuld, sondern unser mangelndes Vertrauen zu Gott. Wir nehmen seine Gegenwart nicht ernst und glauben nicht an das alles übersteigende Maß seiner Liebe:
»Wo die Sünde ihr volles Maß erreicht hat, dort übersteigt Gottes Liebe alles Maß« (Römer 5,20).
»Die größte Schuld des Menschen sind nicht die Sünden, sondern daß er in jedem Augenblick umkehren kann und es nicht tut« (Jüdischer Lehrmeister).

Rückkehr zur Liebe

Die ständige Umkehr zur Liebe – nach jedem Versagen und jedem Rückschlag – macht unser Leben heil.
Die immer wieder neue Hinwendung zu dem, von dem alle Heilung ausgeht, schenkt uns Befreiung und neues Leben:
»Laß dich von nichts stören, nicht einmal von den eigenen Sünden. Wende dich vielmehr an Gott:
›O Herr, jetzt habe ich aus mir selbst gehandelt, denn meine Eigenart ist sündigen. Nun handle auch du aus dir selbst und verzeih mir, denn deine Eigenschaft ist allzeit erbarmen und verschonen. Darum gestatte nicht, daß ich in deiner Ungnade lebe!‹« (Maria Ward, Gründerin der »Englischen Fräulein«).

Entscheide dich für die Liebe

»Ich bereue es nicht, mich der Liebe ausgeliefert zu haben, im Gegenteil«, hinterließ uns Therese von Lisieux.
Und Fjodor Michailowitsch Dostojewski läßt Starez Sossima in »Die Brüder Karamasoff« sagen:
»Vor gar manchen Gedanken bleibt man im Zweifel befangen stehen, besonders wenn man die Sünde der Menschen sieht, und

man fragt sich: ›Soll man es mit Gewalt anfassen oder mit demütiger Liebe?‹ Entscheide dich immer für ›demütige Liebe‹. Wenn du dich ein für allemal dazu entschlossen hast, so wirst du die ganze Welt bezwingen. *Die ›demütige Liebe‹ ist die allergrößte Kraft und ihresgleichen gibt es nicht.*«

Die Liebe ist der Schlüssel

»Wenn wir einander lieben, lebt Gott in uns!« Die Liebe ist gleichsam der Schlüssel zur Gnade Gottes; der Schlüssel zur Türe Gottes, durch die er ganz persönlich in unser Leben kommt!
Wenn wir weiterhin nur auf uns schauen – seien es unsere materiellen Wünsche oder auch unser geistliches Wachsenwollen –, werden wir auf unsere eigenen schwachen Kräfte beschränkt bleiben.
Wenn wir unser Leben aber an der Liebe orientieren, erleben wir uns verbunden mit der stärksten Energie dieser Welt.
Wenn wir nichts anderes mehr suchen, als zu lieben, »liegt keine Form des Trostes, der Hilfe oder Heilung außerhalb unserer Reichweite« (Gerald Jampolsky).
Verstandesmäßig werden wir dies nicht glauben wollen. Die Liebe aber wird es uns erfahren lassen.

Die Liebe: der Schlüssel zur großen Kraftquelle Gottes.

Die Liebe: der Schlüssel zur Losung meiner Fragen und Probleme.

Die Liebe: der Schlüssel zu meinem neuen Leben!

Tu, was du willst – aber laß dich von nichts anderem mehr leiten und zu nichts anderem mehr verführen:

Liebe!

Literaturverzeichnis

Carretto, Carlo: In deiner Stadt ist deine Wüste, Freiburg 1978
Foster, Dr. Timothy: Depression, Kehl/Rh. 1989
Fromm, Erich: Die Kunst des Liebens, Berlin 1956
Gollwitzer, Helmut: Das Hohe Lied der Liebe, München 1978
Greshake, Gisbert: Der Preis der Liebe, Freiburg/Br. 1978
Gutting, Ernst: Nur die Liebe zählt, Leutesdorf 1981
Jampolsky, Gerald G.: Wenn deine Botschaft Liebe ist, München 1983
Lauster, Peter: Die Liebe, Düsseldorf 1980
Lepp, Ignace: Psychoanalyse der Liebe, Würzburg 1960
–: Vom Wesen und Wert der Freundschaft, Würzburg 1965
Lewis, C. S.: Was man Liebe nennt, Basel 1979
Lotz, Johannes B.: Die Drei-Einheit der Liebe, Frankfurt 1979
Lubich, Chiara: Liebe als Ideal, München 1979
Lull, Ramon: Das Buch vom Liebenden und Geliebten, Olten 1948
Ortega y Gasset, José: Über die Liebe, Stuttgart 1984
Perler, Othmar: Weisheit und Liebe, Olten 1952
Pieper, Josef: Über die Liebe, München 1972
Popp, Georg: Aus Gottes Kraft leben, Stuttgart/Regensburg 1988
–: Der uns trägt und führt, Regensburg/Stuttgart 1987
–: Einander zum Segen werden, Stuttgart/Regensburg 1989
Rabanus-Maurus-Akademie: Was heißt Liebe? Frankfurt 1982
Ressèguier, Gertrud: Die erste Liebe, Münsterschwarzach 1990
Schellenberger, Bernardin: Ein Lied, das nur die Liebe lehrt, Freiburg/Br. 1981
Spaemann, Heinrich: Das Prinzip Liebe, Freiburg/Br. 1986
Stertenbrink, Rudolf: Allein die Liebe, Freiburg/Br. 1980

Mehr Freude am Leben

Über drei Millionen Leser haben durch die lebendigen, alltagsnahen Bücher von Georg Popp neuen Mut und neue Freude am Leben gefunden. Beachten Sie bitte die Hinweise auf den nächsten Seiten.